Krämer Dem Schlaganfall vorbeugen

Dr. med. Günter Krämer

Dem Schlaganfall vorbeugen

Wie Durchblutungsstörungen
des Gehirns entstehen

Warnsignale erkennen und
Risikofaktoren abbauen

TRIAS

Anschrift des Autors:
Dr. med. Günter Krämer
Medizinischer Direktor
Schweizerische Epilepsie-Klinik
Bleulerstr. 60
CH-8008 Zürich

Umschlagzeichnung und
Textzeichnungen:
Friedrich Hartmann, Nagold

*Die Deutsche Bibliothek –
CIP-Einheitsaufnahme*

Krämer, Günter:
Dem Schlaganfall vorbeugen : wie Durchblutungsstörungen des Gehirns entstehen ; Warnsignale erkennen und Risikofaktoren abbauen / Günter Krämer. [Textzeichn.: Friedrich Hartmann]. – 2. Aufl. – Stuttgart : TRIAS, 1997

Gedruckt auf chlorfrei
gebleichtem Papier

Printed in Germany
Satz: Fotosatz H. Buck, Kumhausen
Druck: Druckerei Parzeller, Fulda

ISBN 3-89373-366-3 1 2 3 4 5

Wichtiger Hinweis: Wie jede Wissenschaft ist die Medizin ständigen Entwicklungen unterworfen. Forschung und klinische Erfahrung erweitern unsere Erkenntnisse, insbesondere was Behandlung und medikamentöse Therapie anbelangt. Soweit in diesem Werk eine Dosierung oder eine Applikation erwähnt wird, darf der Leser zwar darauf vertrauen, daß Autoren, Herausgeber und Verlag große Sorgfalt darauf verwandt haben, daß diese Angabe **dem Wissensstand bei Fertigstellung des Werkes** entspricht.
Für Angaben über Dosierungsanweisungen und Applikationsformen kann vom Verlag jedoch keine Gewähr übernommen werden. **Jeder Benutzer ist angehalten,** durch sorgfältige Prüfung der Beipackzettel der verwendeten Präparate und gegebenenfalls nach Konsultation eines Spezialisten festzustellen, ob die dort gegebene Empfehlung für Dosierungen oder die Beachtung von Kontraindikationen gegenüber der Angabe in diesem Buch abweicht. Eine solche Prüfung ist besonders wichtig bei selten verwendeten Präparaten oder solchen, die neu auf den Markt gebracht worden sind. **Jede Dosierung oder Applikation erfolgt auf eigene Gefahr des Benutzers.** Autoren und Verlag appellieren an jeden Benutzer, ihm etwa auffallende Ungenauigkeiten dem Verlag mitzuteilen.

Zu diesem Buch

»Wenn ich über eine Krankheit nachdenke, suche ich nie nach einer Möglichkeit zur Heilung, sondern nach einer Möglichkeit der Verhütung.«

Louis Pasteur

Dieser Satz des berühmten französischen Mikrobiologen und Chemikers (1822–1895) soll das Motto dieses Buches sein. Dies auch deshalb, weil Pasteur selbst mit 49 Jahren einen Schlaganfall mit linksseitiger Lähmung hatte, in den weiteren 24 Jahren seines Lebens aber dennoch sehr aktiv und erfolgreich war und unter anderem die Grundlagen für die heutigen Impftechniken zur Verhütung von ansteckenden Krankheiten erarbeitete. Viele Leser werden seinen Namen auch von der »pasteurisierten« Milch kennen, die nach einer von ihm entwickelten Methode durch schonendes Erhitzen keimfrei gemacht wird.

Schlaganfälle sind nach dem Herzinfarkt und Krebs die dritthäufigste Todesursache und die häufigste Ursache einer schweren Behinderung in allen westlichen Industrieländern. Es bedarf eigentlich schon deshalb keiner weiteren Begründung für das Thema der Vorbeugung eines Schlaganfalls. Auf der anderen Seite galten Schlaganfälle aber lange Zeit als Schicksals-»Schläge«, die ohnehin nicht verhütet oder behandelt werden konnten. Vor allem deshalb sah man die Neurologie bis vor wenigen Jahren als ein Fach an, in dem zwar sehr genaue und »schöne« Diagnosen gestellt, den Betroffenen aber nicht geholfen werden konnte.

Inzwischen hat sich dies deutlich geändert. Dazu haben einerseits die stetig verbesserten Untersuchungsmöglichkeiten beigetragen, die eine immer frühzeitigere und genauere Erfassung der vielen verschiedenen Schlaganfallformen ermöglichen und oft auch schon wertvolle Hinweise auf die wahrscheinliche Ursache geben. Zusätzlich konnte erfreulicherweise eindeutig gezeigt werden, daß Schlaganfälle sowohl durch Medikamente als auch durch Operationen wirksam verhindert werden können. Nicht zuletzt ließ sich ebenso eindeutig belegen, daß durch Verhaltensänderungen wie zum Beispiel der Aufgabe des Rauchens Schlaganfällen vorgebeugt werden kann.

Dieses Buch richtet sich bewußt nicht in erster Linie an Menschen, die schon einen schweren Schlaganfall erlitten haben und sich mit den vielfältigen Folgen auseinandersetzen müssen. Dazu gibt es schon eine Reihe anderer Bücher. Das vorliegende Buch ist hauptsächlich für all jene gedacht, die befürchten, einen solchen Schlaganfall zu bekommen. Das können sowohl Menschen sein, die noch keine Zeichen einer Durchblutungsstörung des Gehirns hatten, als auch solche, die schon als vermeintlich harmlos abgetane Störungen oder einen leichteren Schlaganfall erlebt haben. So lange noch ein weitgehend selbständiges Leben möglich ist, sind alle Anstrengungen gerechtfertigt, um einen weiteren Schlaganfall zu verhindern, der dann möglicherweise zu einer dauerhaften Behinderung führt.

In den letzten Jahren sind die zur Verfügung stehenden Untersuchungs- und Behandlungsmöglichkeiten erheblich verbessert worden. Die notwendigen Untersuchungen sind fast ausnahmslos ambulant durchführbar sowie schmerz- und risikolos. Auch die Vor- und Nachteile beziehungsweise Nebenwirkungen und Risiken der verschiedenen Behandlungen sind gut bekannt. Wer diese Möglichkeiten einer rechtzeitigen Erkennung und Abwehr von Risiken nicht nutzt, könnte »Opfer« eines eigentlich zu verhindernden Schlaganfalls werden.

Auch in den Krankenhäusern hat sich erfreulicherweise viel geändert. Schlaganfallpatienten galten wegen der fehlenden Behandlungsmöglichkeiten noch vor wenigen Jahren in der Neurologie als weitgehend uninteressant. Sie wurden daher in aller Regel auch nicht in Neurologische, sondern in Internistische Kliniken aufgenommen, wo sie allenfalls einmal von einem Neurologen untersucht und mitbetreut wurden. Ich kann mich noch gut an die Vorwürfe der Oberärzte oder des Chefarztes erinnern, die ich als Assistenzarzt in den 70er Jahren erntete, wenn ich als diensthabender Arzt die Übernahme eines älteren Schlaganfallpatienten aus der Notaufnahme in die Neurologie vorschlug. Inzwischen reißen sich die meisten Neurologischen Kliniken geradezu um Schlaganfallpatienten.

Neben interessierten Laien kann das Buch auch für Krankenpflegepersonal und Angehörige anderer Berufsgruppen (Krankengymnastik, Logopädie, Sozialarbeit) von Interesse sein, die mit Schlaganfall-Betroffenen zu tun haben. Häufige Querverweise im Text ermöglichen es, das Buch nicht unbedingt von vorne nach hinten durchlesen zu müssen, sondern anhand des Inhalts- oder Sachverzeichnisses bei beliebigen Fragen einzusteigen. Fachwörter werden zwar im Text möglichst erklärt, für weitergehende Informationen verweise ich aber auf mein TRIAS-Buch »Schlaganfall von A–Z. Medizinische Fachwörter verstehen«.

Wie fast jedes Buch ist auch dieses mit Sicherheit nicht ganz frei von Fehlern oder Mißverständnissen. Konstruktive Kritik, Anregungen und Verbesserungsvorschläge sind für weitere Auflagen daher stets willkommen!

Zürich, im Januar 1997 Günter Krämer

Häufigkeit und Bedeutung von Schlaganfällen

Was ist ein Schlaganfall?

Ein Schlaganfall ist nach einer Definition der Weltgesundheitsorganisation WHO eine sich rasch entwickelnde Krankheit mit Beschwerden und Befunden, die auf eine umschriebene oder allgemeine Störung des Gehirns zu beziehen sind und entweder länger als 24 Stunden anhalten oder zum Tod führen, ohne daß eine andere Ursache als Durchblutungsstörungen ersichtlich ist. Diese Erklärung ist etwas lang und umständlich. Einfacher ausgedrückt ist ein Schlaganfall eine plötzlich auftretende Durchblutungsstörung des Gehirns, die zu länger als einen Tag lang anhaltenden Beschwerden führt.

Im allgemeinen Sprachgebrauch ist ein Schlag etwas, das die Betroffenen mehr oder weniger unvorbereitet trifft. Beispiele sind ein Blitz-, Strom- oder Hitzschlag ebenso wie ein Boxschlag oder ein bereits im Vorwort erwähnter Schicksalsschlag. Die Gewalt kommt dabei von außen und trifft oft relativ zufällig und ohne daß die Opfer etwas dazu beigetragen haben. Das vorliegende Buch soll zeigen, daß dies für die meisten Schlaganfälle nicht zutrifft. Vielmehr haben viele Menschen ein erkennbar erhöhtes Schlaganfallrisiko und können dieses deutlich beeinflussen.

Wenn jemand »vom Schlag getroffen« wurde, kann damit ein »Herzschlag« oder »Hirnschlag« gemeint sein. Beide sind in weiten Bereichen Folge derselben Herz-Kreislauf-Erkrankung mit vergleichbaren Ursachen, wobei sich das Geschehen entweder am Herzen oder im Gehirn abspielt. Der Hirnschlag wird auch als Schlaganfall bezeichnet. Viele Menschen stellen sich darunter eine durch Platzen eines Gefäßes bedingte Blutung in das Gehirn mit Lähmungen, Ausfall der Sprache und lebenslanger Pflegebedürftigkeit vor. Dies stimmt jedoch für die meisten Schlaganfälle in mehrfacher Hinsicht nicht. Auch bei hohem Blutdruck ist eine verminderte Durchblutung oder Mangeldurchblutung durch teilweise oder vollständige Verstopfung eines Blutgefäßes rund viermal häufiger als eine Blutung in das Gehirn. Ein Schlaganfall führt auch nicht zwangsläufig zu Lähmungen und Sprachverlust und damit zur Pflegebedürftigkeit.

Die häufigsten Ursachen für Schlaganfälle bestehen in Einengungen der vom Herz kommenden Arterien (Schlagadern) am Hals und im Kopf oder in Krankheiten des Herzens selbst. Seltene Ursachen sind zum Beispiel Entzündungen von Gefäßen, Blutkrankheiten, unerwünschte Wirkungen von Medikamenten, Tumorbestrahlungen oder andere ärztliche Maßnahmen sowie Thrombosen in den Venen des Kopfes. Es kann zu einer Minderdurchblutung oder Einblutung kommen, und die Beschwerden können vorübergehend sein oder lebenslang anhaltende Schäden hinterlassen. Obwohl den Betroffenen zum Beispiel eine Schwäche eines Armes oder Beines auffällt, handelt es sich um eine Durchblutungsstörung des Gehirns.

Es gibt nicht »den« Schlaganfall, sondern eine Vielzahl unterschiedlicher Schlaganfälle, die sich sowohl in ihren Ursachen als auch Mechanismen und Ausdehnungen unterscheiden. Bei einem Menschen ist die Ursache zum Beispiel eine Einengung einer Halsschlagader mit Minderdurchblutung großer Hirnabschnitte, bei einem anderen Betroffenen liegt ein vom Herz in eine Arterie des Gehirns verschlepptes Blutgerinnsel zugrunde, und bei einem Dritten kommt es schließlich zu einer Blutung in das Gehirn. Der Begriff Schlaganfall stammt aus einer Zeit, als es noch nicht möglich war, diese Unterformen zuverlässig zu erkennen. Dies ist erst seit Mitte der 70er Jahre durch die Einführung der Computertomographie (CT) und später der Magnetresonanztomographie (MRT) der Fall, also seit etwa 20 Jahren.

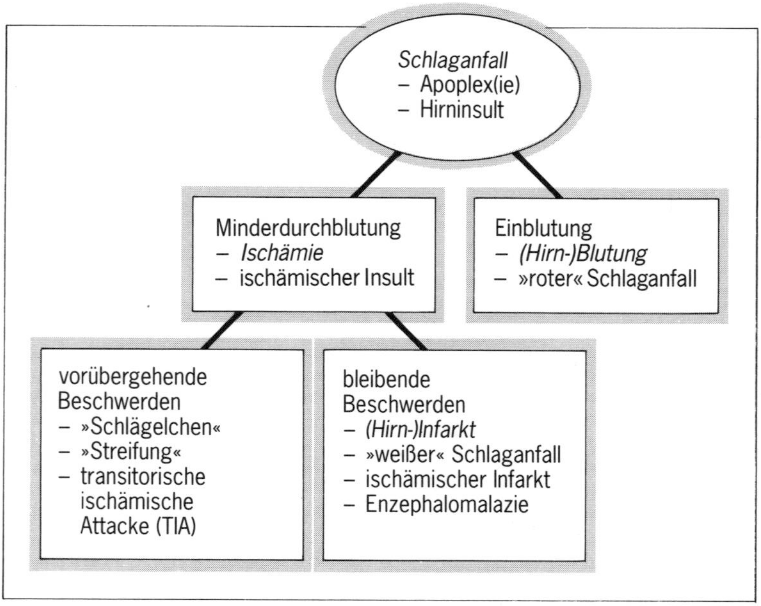

Abb. 1 Verschiedene Bezeichnungen für Schlaganfälle

Andere, im wesentlichen austauschbare Bezeichnungen für einen Schlaganfall sind Apoplex beziehungsweise Apoplexie (griechisch: »vom Schlag gerührt sein«) oder Hirninsult; andere Namen für Hirninfarkt sind ischämischer Infarkt oder Enzephalomalazie (Gehirnerweichung; siehe auch Abb. 1). Heute benutzen viele Ärzte den allgemeinen Begriff Schlaganfall wegen seiner Ungenauigkeit zunehmend weniger und sprechen genauer von einem Hirninfarkt, wenn es durch eine Minderdurchblutung des Gehirns zu einem Absterben von Gewebe kommt. Bei Blutungen im Kopf handelt es sich entweder um Einblutungen in das Gehirn oder um sogenannte Subarachnoidalblutungen an der Gehirnoberfläche.

Es kann auch im Rückenmark, das zusammen mit dem Gehirn das Zentralnervensystem (ZNS) bildet, zu Schlaganfällen kommen. Infarkte und Blutungen im Rückenmark sind aber insgesamt so selten, daß sie im vorliegenden Buch nicht weiter berücksichtigt werden.

Was sind akute und chronische Durchblutungsstörungen?

Schlaganfälle sind *akute* Durchblutungsstörungen des Gehirns, die zu einem Absterben von Nervenzellen führen. In vielen Gesichtspunkten lassen sich ischämische Schlaganfälle oder Hirninfarkte mit Herzinfarkten vergleichen. Auch beim Herzinfarkt kommt es durch Verstopfung von die Herzmuskulatur versorgenden Blutgefäßen (den sogenannten Herzkranzgefäßen) zu einem Absterben von Zellen. Bei vorübergehenden Durchblutungsstörungen kommt es nicht zu einem Absterben, sondern nur zu einer Funktionsstörung der Nervenzellen. Am Herzen äußern sich Durchblutungsstörungen recht einheitlich als Schmerzen, die auch als Angina-pectoris-(Brustenge-)Anfälle bezeichnet werden. Im Gehirn führen Durchblutungsstörungen in Abhängigkeit von ihrer Art sowie dem Ort und Ausmaß zu sehr verschiedenartigen und meist schmerzlosen Störungen, die zum Beispiel die Kraft, das Sprechen oder Sehen betreffen können.

Bei anderweitig nicht ohne weiteres zu erklärenden Beschwerden besonders älterer Menschen werden ursächlich oft *chronische* Durchblu-

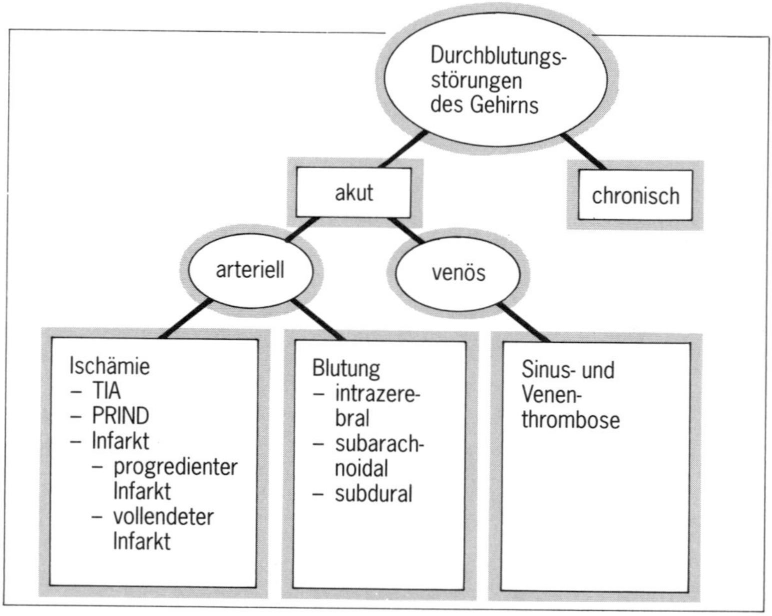

Abb. 2 Formen zerebraler Durchblutungsstörungen

tungsstörungen angenommen. Dabei wird zum Beispiel von Verkalkung, Zerebralsklerose (wörtlich übersetzt = Gehirnverhärtung) oder zerebrovaskulärer Insuffizienz (unzureichender Hirndurchblutung) gesprochen.

Die Bezeichnungen Verkalkung oder Zerebralsklerose beruhen auf der Beobachtung, daß es in den Schlagadern älterer Menschen, ähnlich wie in Wasser- oder Heizungsrohren, vermehrt zu Kalkablagerungen kommen kann. Für Durchblutungsstörungen spielen neben diesen Kalkablagerungen aber viele andere Vorgänge eine Rolle, und oft gehen selbst ausgeprägte Verkalkungen der Gefäße nicht mit Durchblutungsstörungen einher. Dies gilt auch für einen bei manchen älteren Menschen zu beobachtenden zunehmenden Verlust der geistigen Leistungsfähigkeit. Heute weiß man, daß dies meist nichts mit der Hirndurchblutung zu tun hat, sondern Ausdruck einer Alzheimer-Krankheit ist.

Auch der Begriff der sogenannten zerebrovaskulären Insuffizienz ist so allgemein und ungenau, daß darunter zum Beispiel Beschwerden wie Vergeßlichkeit oder Schwindelgefühle unterschiedlichster Art ebenso verstanden werden wie Zeichen eines Schlaganfalls. Dieser Begriff sollte nicht mehr benutzt werden. Abbildung 2 faßt die verschiedenen Formen von Durchblutungsstörungen des Gehirns schematisch zusammen.

Was sind die wichtigsten Schlaganfallformen?

Die in den letzten Abschnitten bereits kurz erwähnten wichtigsten Schlaganfallformen sind zerebrale Ischämien bzw. Hirninfarkte, Hirnblutungen und Subarachnoidalblutungen. Demgegenüber sind sonstige Formen wie Sinusthrombosen oder Gefäßentzündungen sehr selten.

Zerebrale Ischämie heißt Minder- oder Mangeldurchblutung des Gehirns und ist der Oberbegriff für alle Durchblutungsstörungen, bei denen es zu einer vorübergehend oder dauerhaft verminderten Blutversorgung des Gehirns kommt. Weil das Auftreten einer Ischämie nicht zwangsläufig bedeutet, daß es auch zu Beschwerden kommt, wird manchmal auch von einem ischämischen Insult (Insult = plötzlich eintretendes Ereignis) gesprochen. Es kann sich um allgemeine, das ganze Hirn betreffende, oder umschriebene Durchblutungsstörungen handeln. Zerebrale Ischämien mit nur vorübergehenden Beschwerden werden bei einer Dauer bis zu 24 Stunden transitorische ischämische Attacken (TIA; siehe S. 90ff.) und bei einer längeren Dauer (bis zu einer Woche) prolongiertes oder partiell reversibles ischämisches neurologisches Defizit (PRIND, siehe S. 95) genannt. Ischämien mit bleibenden Störungen sind Hirninfarkte (siehe auch Abb. 1, S. 12).

Eine Hirnblutung ist eine Blutung in das Innere des Gehirns. Hirnblutungen werden im medizinischen Sprachgebrauch auch Hämatome oder Hämorrhagien genannt. Sie nehmen im Vergleich zu den anderen Schlaganfallformen meist einen ungünstigeren Verlauf. Blutungsquelle sind bei sogenannten hypertonen Massenblutungen durch hohen Blutdruck veränderte Arterien in der Tiefe des Gehirns und bei sogenannten Angiomblutungen Gefäßfehlbildungen innerhalb des Gehirns. Daneben gibt es Einblutungen in Tumoren oder Blutungen bei Gerinnungsstörungen.

Eine Subarachnoidalblutung (SAB) ist eine Blutung in den schmalen Raum zwischen der weichen Hirnhaut und der Gehirnoberfläche, also nicht in das Gehirn selbst. Die Vorsilbe »Sub-« heißt »unter«, und die Arachnoidea ist ein Teil der weichen Hirnhaut. Allerdings kann es bei Subarachnoidalblutungen vorkommen, daß sich Blut von der Oberfläche in das weiche Gehirngewebe »hineinwühlt« oder daß es im Verlauf durch Komplikationen zu zusätzlichen Hirninfarkten kommt.

Andere Schlaganfallformen kommen u.a. bei Sinusthrombosen und Gefäßentzündungen vor. Eine Sinusthrombose ist eine Thrombose der sog. Hirnsinus, der großen und von harter Hirnhaut umgebenen venösen Blutgefäße an der Gehirnoberfläche, die häufig mit einer Thrombose auch tieferliegender Venen im Gehirn vergesellschaftet ist. Wie bei Gefäßentzündungen finden sich häufiger gleichzeitig Blutungen und Infarkte.

Wie häufig sind Schlaganfälle?

Erfreulicherweise wird seit einigen Jahrzehnten in praktisch allen Ländern der westlichen Welt trotz eines steigenden Altersdurchschnitts der Bevölkerung eine rückläufige Schlaganfallhäufigkeit beobachtet. Die Hauptgründe wurden neben einer allgemeinen Verbesserung der Lebensverhältnisse und Verbesserung der medizinischen Versorgung in so einfachen Dingen wie einem Rückgang des Salzverbrauchs zur Haltbarmachung von Lebensmitteln parallel zur Einführung des Kühlschranks und anderen medikamentösen und nichtmedikamentösen Maßnahmen gesehen, die ebenfalls zu einer Senkung des Blutdrucks führen. Dennoch sind Schlaganfälle besonders bei älteren Menschen nach wie vor sehr häufig, und die meisten Leser werden einen oder mehrere betroffene Menschen in ihrer Familie kennen.

Für die Angaben zur Häufigkeit einer Krankheit gibt es verschiedene Möglichkeiten und Begriffe:

1. Die Zahl von Neuerkrankungen in einem bestimmten Zeitraum (meist einem Jahr) wird als *Inzidenz* bezeichnet. Bezieht man diese Zahl auf einen bestimmten Teil der Bevölkerung (meist 100 000 Menschen), so ergibt sich die *Inzidenzrate*. Die Inzidenzrate von Schlaganfällen wird in den westlichen Industrieländern auf etwa 200 geschätzt. Bei rund 80 Millionen Einwohnern sind dies in Deutschland etwa 150 000 Schlaganfälle pro Jahr. In Österreich ergeben sich rund 14 000 und in der Schweiz ca. 12 000 Schlaganfälle pro Jahr.

   Neuerkrankungen bedeutet, daß es bei diesen Menschen erstmals zu einem Schlaganfall kommt. Es ist aber bekannt, daß sich Schlaganfälle bei etwa jedem dritten Betroffenen wiederholen. Bezieht man diese Ereignisse mit ein, erhöht sich die Inzidenzrate schon auf gut 250. Für die nur Minuten bis Stunden anhaltenden transitorischen ischämischen Attacken (TIAs; siehe S. 90ff.) als wichtigste Vorboten eines Schlaganfalls wird nochmals von einer Inzidenzrate von 50 ausgegangen, wodurch sich eine Gesamtzahl von 300 pro 100 000 Menschen ergibt.

   Parallel zum Ansteigen des durchschnittlichen Lebensalters wird es in den nächsten Jahrzehnten zu einer weiteren Zunahme kommen. Wird noch berücksichtigt, daß viele leichte Schlaganfälle nicht als solche erkannt werden und in keine Statistik eingehen, so dürfte die tatsächliche Zahl der Durchblutungsstörungen des Gehirns noch viel höher liegen.

2. Die Zahl der zu einem bestimmten Zeitpunkt von einer Störung oder Krankheit betroffenen Menschen wird als *Prävalenz* bezeichnet. Sie wird neben der Zahl an Neuerkrankungen durch die Krankheitsdauer bestimmt. Nur rund jeder vierte bis fünfte Schlaganfall führt innerhalb eines Monats zum Tod, der überwiegende Teil wird oft viele Jahre überlebt. Die Prävalenz von Schlaganfällen wird in Deutschland auf rund 650 Betroffene pro 100 000 Einwohner und damit auf insgesamt 500 000 Menschen geschätzt. In Österreich sind dies etwa 50 000 und in der Schweiz 45 000 Menschen.

3. Die Zahl der sogenannten Rezidive (erneut auftretende Erscheinungen derselben Krankheit) in einem bestimmten Zeitraum (meist einem Jahr) bei einem bestimmten Teil der Bevölkerung (meist 100 000 Menschen) wird als *Rezidivrate* (Wiederholungshäufigkeit) bezeichnet. In einer amerikanischen Untersuchung war die jährliche Rezidivrate von Schlaganfällen für die »Risikogruppe« von 45- bis 64jährigen mit bereits früher erlittenen Durchblutungsstörungen des Gehirns beispielsweise mit 1 800 bis 3 700 pro 100 000 Menschen etwa 15mal so hoch wie für Gleichaltrige ohne frühere Ereignisse.

4. Die Wahrscheinlichkeit, mit der eine Krankheit auftritt, wird als *Morbiditätsrisiko* (Erkrankungsrisiko) bezeichnet. So wird bezogen auf das Lebensalter geschätzt, daß mindestens 5 % der über 65jährigen Menschen, 10 % der 75jährigen und mehr als 20 % der über 85jährigen von Durchblutungsstörungen des Gehirns betroffen sind. Rechnerisch beträgt das Risiko für jeden Menschen, der das 50. Lebensjahr erreicht hat, bis zu seinem Lebensende einen Schlaganfall zu erleiden, etwa 1 % pro Jahr. Hat man eine bekannte Stenose (Einengung) der Halsschlagader, steigt dieses Risiko auf über 2 % pro Jahr an. Ist es durch diese Stenose schon einmal zu einer TIA gekommen, verdoppelt sich das jährliche Schlaganfallrisiko nochmals auf etwa 5 % und nach einem bereits erfolgten Schlaganfall beträgt es ca. 10 %!

Daß die Erkrankungen der Hirngefäße weltweit eine immer größere Bedeutung erlangen, zeigt sich auch in einem Bericht einer Arbeitsgruppe der Weltgesundheitsorganisation WHO von 1996, in dem einer Rangliste der zehn wichtigsten Gesundheitsrisiken für die Weltbevölkerung im Jahr 1990 eine gleichartige Liste für das Jahr 2020 gegenübergestellt wird (Tab. 1). Während die in der Vergangenheit oft verheerenden entzündlichen

Krankheiten immer mehr an Bedeutung verlieren, und selbst die Immunschwächekrankheit AIDS im Jahr 2020 erst an letzter Stelle rangiert, werden Erkrankungen der Hirngefäße ebenso wie sonstige Herz- und Gefäßkrankheiten immer wichtiger.

Tab. 1 Rangliste der weltweit wichtigsten Gesundheitsrisiken für die Jahre 1990 und 2020 (WHO 1996)

Krankheit bzw. Risiko	2020	1990
Depressionen	1	4
Verkehrsunfälle	2	11
Herz- und Gefäßkrankheiten	3	8
Chronische Lungenkrankheiten	4	12
Erkrankungen der Hirngefäße	5	10
Tuberkulose	6	5
Infektionen der unteren Atemwege	7	1
Kriege	8	16
Durchfallerkrankungen	9	2
AIDS	10	–

Wie häufig sind die verschiedenen Schlaganfallformen?

Ischämien sind mit einem Anteil von etwa 80 % die mit Abstand häufigste Form von Schlaganfällen. Blutungen in das Gehirn machen rund 15 % aller Schlaganfälle aus, und der Anteil der Subarachnoidalblutungen liegt bei rund 5 %. Im Vergleich zu den durch Erkrankungen der Hirnarterien bedingten Ischämien und Blutungen sind Thrombosen der Hirnsinus sehr selten und machen weniger als 1 % aller Schlaganfälle aus (Abb. 3).

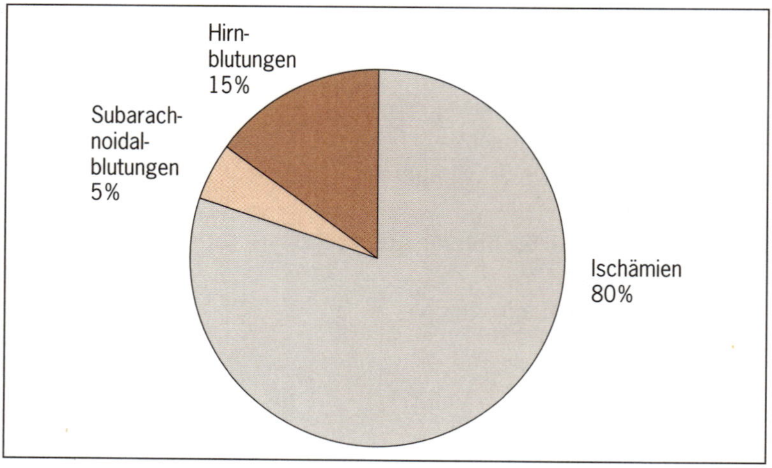

Abb. 3 Die wichtigsten Schlaganfallformen

Berücksichtigt man das Lebensalter, sieht die Häufigkeitsverteilung der wichtigsten Schlaganfallformen bei jüngeren Patienten anders aus als bei älteren. Beispielsweise machen Subarachnoidalblutungen bis zum 45. Lebensjahr etwa 30 % aller Schlaganfälle aus, bevor ihr Anteil mit zunehmendem Alter immer mehr zurückgeht. Während die Häufigkeit von Subarachnoidalblutungen mit dem Lebensalter praktisch nicht und diejenige von sonstigen Hirnblutungen nur mäßig zunimmt, steigt die Häufigkeit der Hirninfarkte nach dem 50. Lebensjahr steil an (Abb. 4).

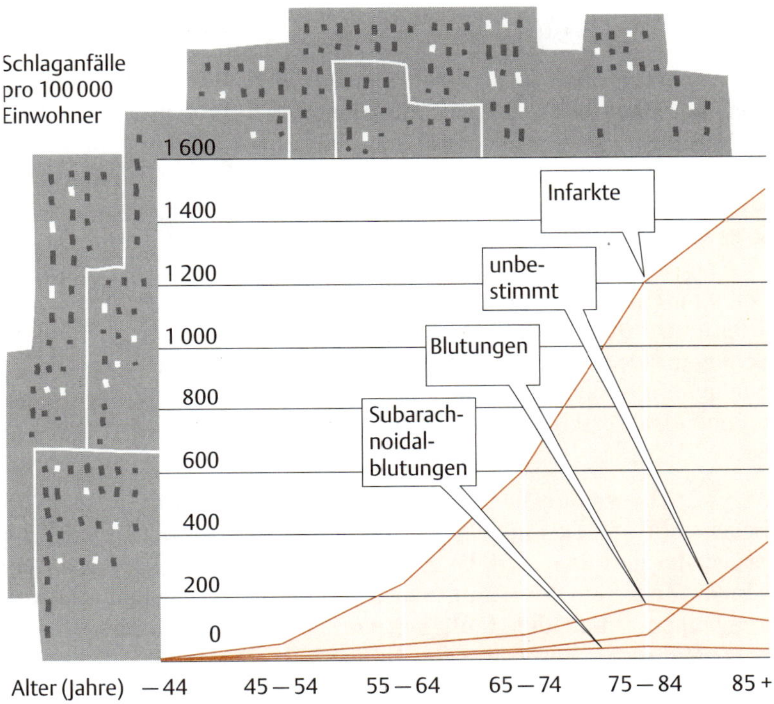

Abb. 4 Häufigkeit der verschiedenen Schlaganfallformen in einzelnen Altersgruppen

Wen kann ein Schlaganfall treffen?

Im Prinzip kann jeder Mensch einen Schlaganfall bekommen, vom Neugeborenen bis zum Greis. Schlaganfälle können aufgrund von Gefäßfehlbildungen, Venenthrombosen oder Hirnblutungen schon bei der Geburt auftreten. Bei Kindern sind Herzfehler und Bluterkrankungen häufigste Ursache, bei Jugendlichen und jungen Erwachsenen Herzfehler und Unfälle sowie seltene angeborene Besonderheiten des Gefäßsystems, die sich oft erst mit einer gewissen Verzögerung bemerkbar machen. Allerdings stellen Schlaganfälle in der Kindheit, in der Jugend und im frühen Erwachsenenalter eine große Ausnahme dar. Der mit Abstand wichtigste Risikofaktor für Schlaganfälle besteht im zunehmenden Lebensalter (siehe S. 55f.), ohne daß Schlaganfälle deswegen eine Alterskrankheit sind, die ebenso wie ein zunehmender Verschleiß der Gelenke oder der Zähne einfach hinzunehmen ist.

Die weitaus meisten Schlaganfälle treten zwischen dem 65. und 85. Lebensjahr auf. Das heißt nicht, daß das Risiko jenseits des 85. Lebensjahres wieder geringer wird. Dies wird nur vorgetäuscht, weil die Zahl noch lebender Menschen dann immer mehr abnimmt. Bezogen auf die jeweilige Altersgruppe nimmt die Häufigkeit von Schlaganfällen auch jenseits des 85. Lebensjahres immer weiter zu (Abb. 4, S. 21). Nach dem 65. Lebensjahr verdoppelt sich die relative Häufigkeit von Schlaganfällen etwa alle 10 Jahre (siehe auch Abb. 16, S. 55).

Betroffen von einem drohenden oder aufgetretenen Schlaganfall sind aber nicht nur die direkt daran erkrankten Menschen, sondern die ganze Familie, Freunde und andere Bezugspersonen.

Wie viele Menschen sterben an einem Schlaganfall?

Erfreulicherweise ist die Sterblichkeit an einem Schlaganfall in den letzten Jahrzehnten weltweit in vielen Ländern deutlich zurückgegangen. Entsprechende Daten aus den USA zeigen, daß sich dies besonders auf Betroffene bis zum 65. Lebensjahr bezieht, bei denen die Sterblichkeit auf etwa ein Drittel (unter 60jährige) bzw. die Hälfte (60- bis 69jährige) gesenkt werden konnte (Abb. 5). Die Hauptgründe dürften neben der ebenfalls zurückgegangenen Häufigkeit von Schlaganfällen überhaupt (siehe auch S. 17ff.) darin bestehen, daß es immer besser gelingt, früher meist tödlich verlaufende Komplikationen wie Lungenentzündungen, Beinvenenthrombosen und Lungenembolien zu verhüten bzw. zu behandeln.

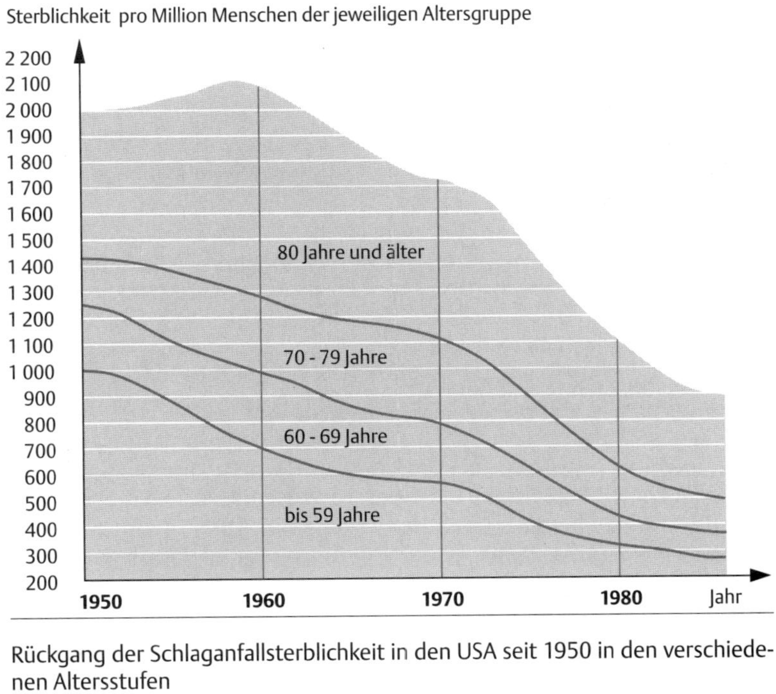

Abb. 5 Rückgang der Schlaganfallsterblichkeit in den USA seit 1950 in den verschiedenen Altersstufen

In Deutschland, Österreich und der Schweiz ist die jährliche Abnahme der Sterblichkeit an einem Schlaganfall allerdings nicht so deutlich gewesen wie beispielsweise in den USA. Während dort zwischen 1970 und

1985 ein Rückgang von etwa 6 % pro Jahr zu verzeichnen war, liegt diese Zahl für die deutschsprachigen Länder zwischen gut 2 % für Österreich, 3 % für Deutschland und gut 4 % für die Schweiz. Auch damit ist es zwar zu einem deutlichen Rückgang der Schlaganfallsterblichkeit gekommen, nach wie vor sterben aber immer noch viel zu viele Menschen an einem Schlaganfall.

Die Sterblichkeit nach einem Schlaganfall hängt in erster Linie von der Form des Schlaganfalls, seinem Ort und seiner Ausdehnung sowie dem Alter der Betroffenen ab. Sie ist bei Blutungen sehr viel höher als bei Infarkten (Tab. 2), bei ausgedehnten Schädigungen höher als bei umschriebenen und bei älteren Betroffenen höher als bei jüngeren. Zusätzlich spielen unter anderem das Geschlecht und die Frage eine Rolle, ob es sich um den ersten oder einen erneuten Schlaganfall handelt. Läßt man all diese Unterschiede unberücksichtigt und betrachtet alle Schlaganfälle gemeinsam, beträgt die Sterblichkeit im ersten Monat knapp 20 % und im ersten Jahr gut 30 %.

Tab. 2 Durchschnittliche Sterblichkeit nach den verschiedenen Schlaganfallformen

Sterblichkeit	1. Woche	1. Monat	1. Jahr
Hirninfarkt	ca. 5 %	ca. 10 %	ca. 25 %
Hirnblutung	ca. 30 %	ca. 50 %	ca. 60 %
Subarachnoidalblutung	ca. 25 %	ca. 40 %	ca. 50 %

Die Sterblichkeit bei über 75jährigen Frauen nach einem Schlaganfall ist höher als bei gleichalten Männern. Dabei könnte eine Rolle spielen, daß diejenigen Männer, die überhaupt so alt werden, im Vergleich zu den Frauen robuster sind und daher einen Schlaganfall eher überleben. Möglicherweise spielt aber auch eine Rolle, daß Männer in der Regel durch ihre Frauen zu Hause besser betreut werden als oft verwitwete oder von ihren Männern nicht so gut betreute Frauen.

Kündigt sich ein Schlaganfall immer an?

Nein, leider ist dies zwar häufig, aber nicht immer der Fall. Allerdings tritt höchstens ein Viertel aller Schlaganfälle ohne jegliche Vorwarnung auf, ohne daß sich zumindest rückblickend entsprechende Warnzeichen oder Risikofaktoren erkennen lassen.

Eindeutige Vorboten eines drohenden Schlaganfalls werden nach wie vor nicht genügend beachtet und oft sogar verharmlost. Dazu trägt sicher auch bei, daß selbst manche Ärzte die Bedeutung von transitorischen ischämischen Attacken (TIAs, siehe S. 90ff.) oder sogenannten PRINDs oder RINDs (siehe S. 95) noch nicht genau kennen und sogar bei einer Häufung von Attacken keine Veranlassung für eine notfallmäßige Krankenhauseinweisung oder zumindest Abklärung sehen. So werden eine nur für Minuten anhaltende Schwäche oder ein Kribbeln eines Armes als »Schlägelchen« oder »Streifung« abgetan, bei denen keine weiteren Untersuchungen erforderlich sind. Dies ist heute aber nicht mehr zu rechtfertigen. Stellen Sie sich vor, bei einem Spiel mit »russischem Roulett« müßte sich der Verlierer einen achtschüssigen Trommelrevolver an den Kopf halten, in dem eine scharfe Patrone steckt. Sie würden sicherlich jede nur erdenkliche Anstrengung unternehmen, um sich als Teilnehmer an diesem makabren Spiel nicht dem damit verbundenen tödlichen Risiko in der Höhe von 12,5 % (100 : 8 = 12,5) auszusetzen.

Beim Schlaganfall scheinen das viele Menschen aber noch immer anders zu sehen. Es besteht nämlich ein Risiko in Höhe von 10 – 15 %, daß nach einer leichten Durchblutungsstörung des Gehirns bereits innerhalb des nächsten Jahres ein weiterer Schlaganfall mit dann oft bleibenden Folgen auftritt, sofern nichts dagegen getan wird. Noch immer geht viel zu oft wertvolle Zeit verloren, in der mögliche Ursachen und Risikofaktoren erkannt und gegebenenfalls beeinflußt werden könnten. Natürlich hinkt dieser Vergleich mit dem russischen Roulett wie alle Vergleiche. Bei diesem Spiel ist die Bedrohung viel direkter; und auch wenn etwas gegen das Schlaganfallrisiko getan wird, sinkt es nicht auf Null ab. Dennoch ist es höchste Zeit, in der Bevölkerung das Bewußtsein für die Gefährdung durch den Schlaganfall in der Weise zu ändern, wie es beim Krebs und Herzinfarkt schon erfolgt ist.

Die häufigsten Warnzeichen eines drohenden Schlaganfalls sind in Tabelle 3 auf der folgenden Seite aufgeführt.

Tab. 3 Häufigste Warnzeichen eines Schlaganfalls

- plötzlich auftretendes Schwächegefühl oder Ungeschicklichkeit einer gesamten Körperhälfte oder von Teilen davon (z.B. Hand, Arm oder Bein)
- plötzlich auftretendes Taubheitsgefühl einer gesamten Körperhälfte oder von Teilen davon (z.B. Gesicht, Arm oder Bein)
- plötzlich auftretender Sprachverlust, undeutliches Sprechen oder Sprachverständnisstörungen
- plötzliches Verschwommensehen oder Erblinden auf einem Auge
- plötzlicher Gesichtsfeldausfall (z.B. nach einer Seite oder eines Viertels)
- plötzlich auftretender Drehschwindel oder Gleichgewichtsstörungen, besonders gemeinsam mit einem der anderen Zeichen

Gibt es Möglichkeiten, die Gefahr eines Schlaganfalls zu vermindern?

Ja, sogar eine ganze Reihe. Als Leser dieses Buches haben Sie bereits einen wichtigen Schritt hinter sich, da Sie sich für die Problematik interessieren und Zeit zur Information nehmen. Allzu viele Menschen glauben nach wie vor, Durchblutungsstörungen des Gehirns seien ebenso wie hoher Blutdruck, Übergewicht und Zuckerkrankheit schicksalhaft hinzunehmende Krankheiten, die allenfalls durch halbwegs regelmäßige Einnahme vom Arzt verordneter Medikamente unter Kontrolle gehalten werden können. Das trifft zwar für einen kleineren Teil auch zu, meistens ist aber eine konsequente Umstellung der Lebensgewohnheiten mindestens ebenso nützlich und sinnvoll.

Die wirksamsten Vorbeugemaßnahmen bestehen nach derzeitigem Wissensstand in einer möglichst schon im frühen Erwachsenenalter erfolgenden Änderung der Lebensweise mit regelmäßiger Kontrolle und gegebenenfalls Senkung des Blutdrucks, Einstellen des Rauchens, bewußter Ernährung mit Gewichtskontrolle und gegebenenfalls fettarmer Diät sowie der Beachtung weiterer Risikofaktoren (siehe S. 51f. und 87ff.). Leider ist der Zeitpunkt für die Vorsorge denkbar ungünstig. In der »Blüte des Lebens«, ohne irgendwelche Beschwerden und damit ohne Leidensdruck, sind die wenigsten Menschen bereit, sich Gedanken über möglicherweise in 30 oder mehr Jahren auftretende Krankheiten zu machen.

Auch nach einem Schlaganfall kann es durchaus noch sinnvoll sein, sich Gedanken über ein Vorbeugen weiterer Ereignisse zu machen. Nur ein kleinerer Teil der Schlaganfälle ist nämlich »invalidisierend«, das heißt so schwerwiegend, daß er zur dauerhaften Pflegebedürftigkeit führt. Die meisten Menschen erreichen zumindest wieder eine teilweise Unabhängigkeit. Auch dann lohnt es sich, einen zweiten, schwereren Schlaganfall durch ärztliche Behandlung und gegebenenfalls Umstellung der Lebensweise möglichst zu verhüten.

Um die Gefahr eines drohenden Schlaganfalls abzuschätzen, können für jeden Menschen in seiner besonderen Situation die vorhandenen Risiken abgeklärt werden. In einem zweiten Schritt läßt sich herausfinden, welche dieser Risiken durch welche Maßnahmen beeinflußbar sind und bei welchen an eine medikamentöse Behandlung gedacht werden sollte. Es muß noch viel mehr bekannt werden, daß man sein Schlaganfallrisiko durch einfache Maßnahmen drastisch verringern kann, z.B. durch eine Verringerung des Blutdrucks um nur 5 – 10 mmHg oder Einstellen des Rauchens.

Ursachen und Risikofaktoren

Was sind Ursachen, und was sind Risikofaktoren?

Die Ursachen einer Krankheit sind diejenigen Veränderungen und Vorgänge, die zu ihrem Auftreten geführt haben. Die häufigsten Ursachen von Schlaganfällen, auf die in den folgenden Abschnitten jeweils noch ausführlicher eingegangen wird, sind die sogenannte Arteriosklerose und Herzkrankheiten. Die wichtigsten Auswirkungen der Arteriosklerose bestehen im Auftreten von Plaques (Ablagerungen, siehe S. 39f.) und Stenosen (Einengungen, siehe S. 41f.), die wichtigsten Auswirkungen von Herzkrankheiten im Ausstreuen von Embolien (Blutgerinnseln, siehe S. 48ff.) in zum Gehirn führende Adern, die sie dann verstopfen können.

Risikofaktoren für einen Schlaganfall (siehe auch S. 51f. u. 87ff.) sind Störungen oder Verhaltensweisen, die zu einer erhöhten Wahrscheinlichkeit des Auftretens eines Schlaganfalls führen. Bei den Risikofaktoren wird wie bei allen Krankheiten zwischen primären und sekundären Risikofaktoren unterschieden. Primäre Risikofaktoren haben einen unmittelbaren oder direkten Einfluß auf die Wahrscheinlichkeit, die Krankheit zu bekommen. Bei sekundären Risikofaktoren ist dies nur indirekt der Fall, indem sie das Auftreten von primären Risikofaktoren fördern. Schon daraus wird klar, daß primäre Risikofaktoren wichtiger sind als sekundäre Risikofaktoren.

Primäre Risikofaktoren für einen Schlaganfall sind unter anderem ein hohes Lebensalter, ein erhöhter Blutdruck, Rauchen oder eine Zuckerkrankheit. Beispiele für sekundäre Risikofaktoren sind Übergewicht, Fettstoffwechselstörungen oder ein Mangel an körperlicher Aktivität. Selbst wenn man einen oder mehrere Risikofaktoren hat, heißt dies noch lange nicht, daß man früher oder später zwangsläufig einen Schlaganfall bekommt. Es bedeutet lediglich, daß die statistische oder rechnerische Wahrscheinlichkeit für einen Schlaganfall in einer Gruppe von beispielsweise 100 Menschen mit diesen Risikofaktoren höher ist als in einer Gruppe von ebenfalls 100 Menschen ohne diese Risikofaktoren. So wie es Menschen mit unter Umständen sogar mehreren Risikofaktoren gibt, die keinen Schlaganfall bekommen, gibt es Menschen ohne erkennbare oder besondere Risikofaktoren, bei denen trotzdem ein Schlaganfall auftritt.

Risikofaktoren müssen also nicht zwangsläufig in jedem Einzelfall wirksam werden. Ein oft gehörtes Beispiel besteht in der vermeintlichen

Beruhigung vieler Raucher mit einem Onkel, der seit seiner Jugend drei Päckchen Zigaretten am Tag geraucht hat und dennoch schon über 80 Jahre alt ist. Statistisch gesehen besteht kein Zweifel daran, daß ein von der Dauer des Rauchens und der Zahl der Zigaretten direkt abhängiges Risiko für Lungenkrebs sowie Herz- und Hirninfarkt besteht. Dennoch stirbt nicht jeder starke Raucher an diesen Krankheiten. Es ist also keineswegs ungewöhnlich und somit auch kein Beweis für die Unbedenklichkeit des Rauchens, daß dennoch ein hohes Lebensalter erreicht werden kann.

Ursachen und Risikofaktoren gehen zwangsläufig ineinander über. So kann Vorhofflimmern (siehe S. 65f.) bei einem Betroffenen Ursache eines bereits eingetretenen Hirninfarkts sein, während es bei einem anderen Menschen ebenfalls seit Jahren bekannt ist, bislang aber nicht zu Problemen geführt hat. Daher ist das Vorhofflimmern in diesem Fall nur ein Risikofaktor.

Was ist eine Arteriosklerose?

Eine Arteriosklerose ist eine Verhärtung von Arterien. An der Entstehung sind unter anderem ein hoher Blutdruck, erhöhte Blutfette, eine Zuckerkrankheit und Rauchen beteiligt. Leichte arteriosklerotische Veränderungen sind im höheren Lebensalter bei fast jedem Menschen vorhanden. Sie haben oft nur einen geringen Krankheitswert hat und treten gewissermaßen bei allen Menschen auf, sofern sie alt genug werden. Es kann aber auch schon bei jüngeren Menschen infolge einer vermehrten Durchlässigkeit des Endothels (der inneren Gefäßauskleidung) zu Fett- und Cholesterinablagerungen in der Intima (Gefäßinnenwand) und schließlich zu Stenosen (Gefäßeinengungen) kommen (Abb. 6).

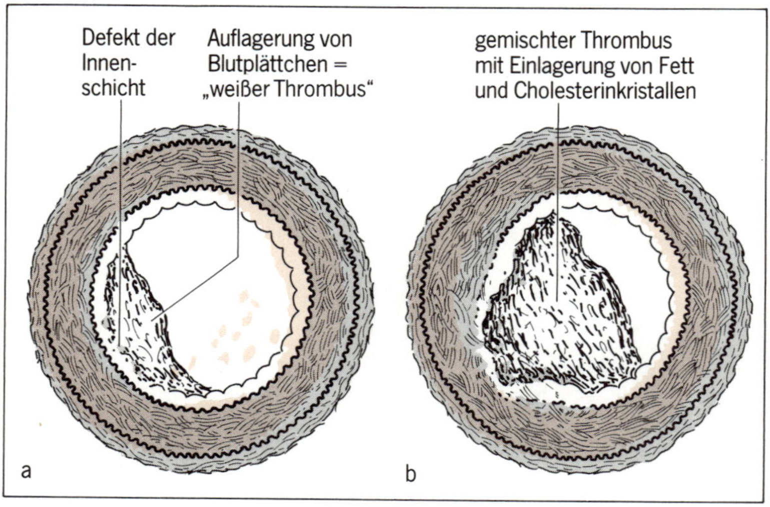

Abb. 6 Schematische Darstellung arteriosklerotischer Veränderungen zu Beginn (a) und mit zunehmender Einengung des Lumens (b)

Die normalerweise nachgiebigen und elastischen Arterienwände werden bei einer Arteriosklerose durch Einlagerung von Blutfetten und -zellen sowie Kalksalzen und Cholesterinkristallen zunehmend starr. Vereinfachend wird daher manchmal auch von Verkalkung gesprochen, was aber insofern falsch ist, als sich nicht in allen arteriosklerotischen Veränderungen Kalk findet. Eine Arteriosklerose ist immer Ausdruck einer generalisierten, allgemeinen Gefäßkrankheit. Menschen mit Veränderungen an den das Gehirn versorgenden Arterien haben oft auch Einengungen der Herzkranzgefäße oder der Beinarterien.

Es wurden zwar auch schon bei Kindern und Jugendlichen mit einem Hirninfarkt in rund 10 % Zeichen einer Arteriosklerose gefunden, im allgemeinen ist sie aber eine Erscheinung des mittleren bis höheren Lebensalters und nimmt erst nach dem 40. Lebensjahr immer mehr zu. Jenseits des 80. Lebensjahres haben nur noch weniger als 5 % der Menschen keine arteriosklerotischen Veränderungen der das Gehirn versorgenden Arterien. Dennoch führt nicht jede Arteriosklerose zwangsläufig zum Schlaganfall.

Wie entstehen arteriosklerotische Veränderungen?

In einer normalen Arterie befindet sich das Blut ausschließlich im sogenannten Lumen (der Gefäßlichtung), das durch flache, glatte Zellen des Endothels ausgekleidet wird. Nach außen wird diese Innenhaut von besonderen Muskelzellen umgeben, die nicht der Willkürkontrolle unterliegen. Nur bei einer intakten Innenhaut kann das Blut ungestört durch die Arterien fließen. Auftretende Endothelschäden werden zwar durch Thrombozyten (Blutplättchen) zusammen mit Fibrin abgedichtet, die Auflagerung von verklumpten Blutplättchen an diesen Stellen führt jedoch zur Verdickung der Innenhaut und zu einer leichten Vorwölbung in die Gefäßlichtung. Wenn sich jetzt zusätzlich Blutfette und andere Zellen einlagern, kann es zusammen mit erneuten Schäden der Innenhaut zu einer immer stärkeren Einengung der Gefäßlichtung kommen (Abb. 7, S. 33).

Die wichtigsten und meist in dieser Reihenfolge ablaufenden Vorgänge in der Wand von Arterien, die zu arteriosklerotischen Veränderungen führen, sind:

- Das Auftreten von Schäden an der Gefäßinnenhaut (dem Endothel).
- Eine erhöhte Durchlässigkeit des Endothels für größere Teilchen wie zum Beispiel an Transporteiweiße gebundene Fette. Dabei ist das sogenannte LDL-Cholesterin (siehe S. 80) besonders schädlich. Es schlüpft durch Risse der Gefäßwand in innere Schichten, wo es zwar zunächst von Makrophagen (Aufräumzellen) aufgenommen wird, die sich jedoch dann gemeinsam mit dem LDL-Cholesterin dort ablagern.
- Ein Eintreten von Abwehr- und Aufräumzellen des Körpers aus dem Blut in die Intima (innere Schicht der Gefäßwand).
- Ein Wandern von glatten, unwillkürlichen Muskelzellen aus der Media (mittleren Schicht der Gefäßwand) in die innere Schicht.
- Ablagerungen in der inneren Schicht durch Muskelzellen, Bindegewebe und andere Stoffe.
- Eine vermehrte sogenannte Endozytose (Aussonderung innerhalb von Zellen) von erhöhten Blutfetten in Abwehr- und Muskelzellen mit Bildung sogenannter Schaumzellen.
- Ein Auftreten von Nekrosen (Gewebsuntergängen) innerhalb dieser Zellansammlungen bei Überschreiten einer bestimmten, »kritischen« Dicke.
- Ein Zerfall von Gewebe sowie ein Auftreten von Einblutungen, Kalziumeinlagerungen (»Verkalkungen«) und Ulzerationen (Geschwürbildungen) an der Oberfläche.

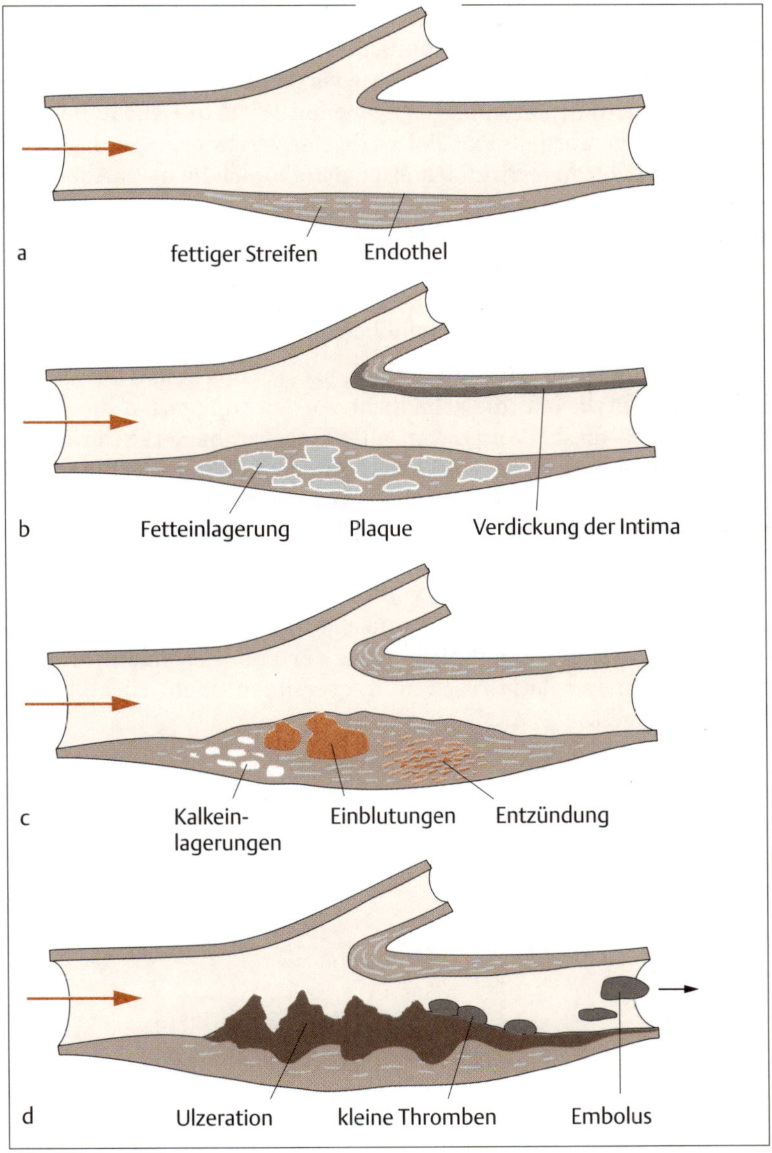

Abb. 7 Beginn (a), Zunahme (b) und Komplikationen (c, d) arteriosklerotischer Gefäßveränderungen

Muskelzellen von Gefäßwänden, die einmal LDL-Cholesterin in sich aufgenommen haben, können es nur sehr langsam wieder abbauen. Durch weitere Cholesterinaufnahme vergrößern sie sich, wobei sie durch einen von den Blutplättchen abgegebenen Wirkstoff zusätzlich zur Wucherung angeregt werden. Parallel zu diesen Veränderungen lassen sich in der Innenwand von Arterien fetthaltige Streifen (siehe auch Abb. 11, S. 39) beobachten. Dies kann bei ungünstigen Voraussetzungen wie erblichen Stoffwechselstörungen oder fettreicher Ernährung schon in der späten Kindheit oder bei jungen Erwachsenen der Fall sein. Im weiteren Verlauf können sich dann Plaques und Stenosen als größere Ansammlungen dieser Veränderungen mit Ausdehnung in die Gefäßlichtung ausbilden (siehe auch S. 32f.).

Es dauert meist Jahrzehnte, bis sich aus einem fettigen Streifen eine Plaque entwickelt, die schädliche Auswirkungen auf die Hirndurchblutung hat. Da dieser Vorgang in aller Regel unbemerkt verläuft, macht er sich für viele Betroffene erst durch unter Umständen katastrophale Ereignisse wie einen schweren Hirninfarkt bemerkbar. Eine zu Beginn arteriosklerotischer Veränderungen zu beobachtende Zunahme der glatten, unwillkürlichen Muskulatur in den Gefäßwänden ist noch rückbildungsfähig. Dies ist bei einer Vermehrung von Bindegewebe und dem Auftreten von Ablagerungen, sogenannten Schaumzellen und Nekrosen (Gewebsuntergängen) in den Gefäßwänden nicht mehr der Fall. Besonders bei älteren Menschen kommt es relativ rasch zu irreversiblen (nicht rückbildungsfähigen) Veränderungen.

Wo kommt es bevorzugt zur Arteriosklerose?

Erste Veränderungen betreffen meistens die Hauptschlagader (Aorta) unmittelbar nach ihrem Abgang aus dem Herzen, dem sogenannten Aortenbogen. Arteriosklerotische Veränderungen im Aortenbogenbereich wurden in der Vergangenheit zuwenig beachtet, und erst in den letzten Jahren wurden sie gehäuft bei jungen Schlaganfallbetroffenen nachgewiesen, bei denen sich sonst keine Erklärungsmöglichkeiten fanden. Den Veränderungen im Aortenbogen folgen oft zunächst gleichartige Störungen in den Herzkranzgefäßen, bevor die großen Halsschlagadern und mittelgroßen Arterien wie etwa die Anfangsabschnitte der Hirnarterien betroffen sind. Die Arterienabschnitte weiter innen im Gehirn wie etwa der vorderen, mittleren oder hinteren Hirnarterie zeigen seltener arteriosklerotische Veränderungen. Dieser Ausbreitungsweg könnte mit eine Erklärung dafür sein, weshalb Durchblutungsstörungen des Gehirns meist später auftreten als solche des Herzens.

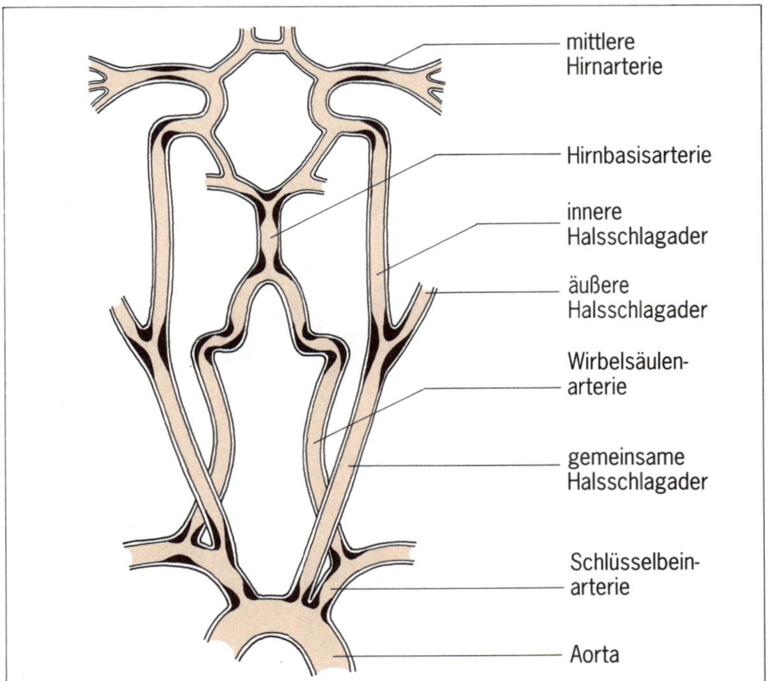

Abb. 8 Bevorzugte Stellen arteriosklerotischer Gefäßveränderungen

An den hirnversorgenden Arterien finden sich bevorzugt arteriosklerotische Veränderungen an Gefäßabschnitten, aus denen kleinere Äste abgehen oder an denen es zu einer Aufteilung kommt. Beispiele sind die sogenannte Bifurkation (Gabelung oder Aufteilungsstelle) der gemeinsamen Halsschlagader in die innere und äußere Halsschlagader sowie der Abgang der Wirbelsäulenarterie aus der Schlüsselbeinarterie (Abb. 8, S. 35).

Für die Entstehung von Schlaganfällen spielen nicht nur die an den Aufteilungsstellen entstehenden Einengungen der Gefäße eine Rolle, sondern auch die dadurch bedingten Turbulenzen (Verwirbelungen) des Blutstroms, die wiederum zu einer größeren Belastung dieser Gefäßabschnitte mit der Gefahr von Einrissen und Defekten an der normalerweise glatten Gefäßinnenwand führen (Abb. 9). Im Prinzip führen zwei Mechanismen zum Schlaganfall: Der erste besteht in einem plötzlich auftretenden vollständigen Gefäßverschluß durch Anheften eines Blutgerinnsels an die vorbestehenden Veränderungen (siehe Thrombus und Thrombose, S. 43ff.). Der zweite Mechanismus besteht im Ablösen von über längere Zeit abgelagertem oder sich kurz zuvor als Blutgerinnsel zusätzlich angeheftetem Material (siehe Embolus und Embolie, S. 47ff.).

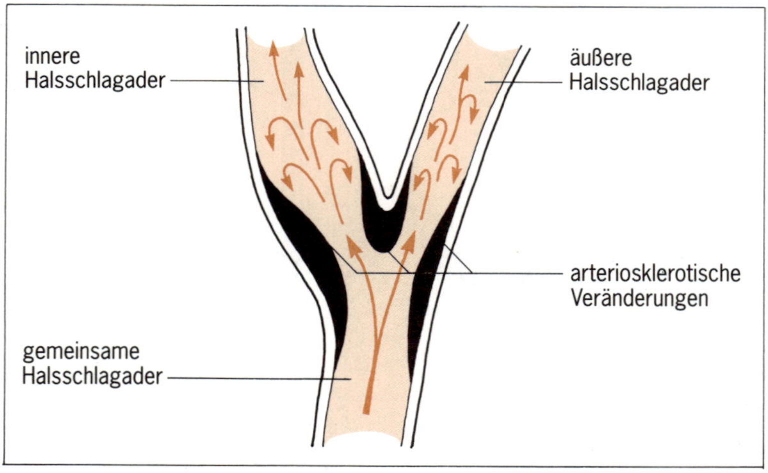

Abb. 9 Verwirbelungen des Blutstroms an Auszweigungsstellen von Arterien, z.B. der gemeinsamen Halsschlagader in die innere und äußere Halsschlagader

Was ist eine Makroangiopathie, und was ist eine Mikroangiopathie?

Eine Makroangiopathie ist eine Erkrankung vorwiegend der großen Arterien, also zum Beispiel der Halsschlagadern, der Wirbelsäulenarterien, der Hirnbasisarterie sowie der Anfangsabschnitte der vorderen, mittleren oder hinteren Hirnarterie. Hauptursache einer Makroangiopathie ist die Arteriosklerose.

Eine Mikroangiopathie ist eine Erkrankung vorwiegend der kleinen, oft rechtwinklig von den größeren Arterien abgehenden arteriellen Endäste innerhalb des Gehirns. Diese kleinen Arterien haben meist keine sogenannte Kollateralversorgung (Umgehungskreisläufe), weshalb es bei Einengungen und Verschlüssen in den von diesen Gefäßen versorgten Hirngebieten besonders leicht zu kleinen, umschriebenen Schlaganfällen kommen kann (Abb. 10). Ein hoher Blutdruck und eine Blutzuckerkrankheit spielen dabei ursächlich die wichtigste Rolle, müssen aber nicht vorhanden sein. Typische Folgen einer Mikroangiopathie bestehen in sogenannten lakunären Infarkten, einer sogenannten subkortikalen arteriosklerotischen Enzephalopathie (SAE) oder Mischformen dieser beiden Veränderungen.

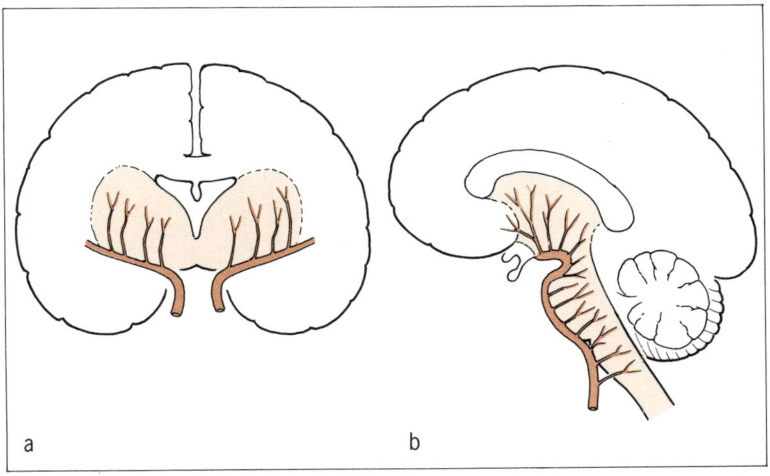

Abb. 10 Rechtwinklig von großen Arterien abgehende dünne arterielle Endäste als bevorzugter Ort von Mikroangiopathien für die mittlere Hirnarterie, von vorne gesehen (a), für die Hirnbasisarterie, von der Seite gesehen (b)

Auf eine in den letzten Jahren entdeckte erbliche Sonderform einer Mikroangiopathie, die sogenannte zerebrale autosomal-dominante Arteriopathie mit subkortikalen Infarkten und Leukenzephalopathie (englisch: cerebral autosomal dominant arteriopathy with subcortical infarcts and leucencephalopathy; CADASIL) wird unter den vererbbaren Schlaganfallformen noch eingegangen (siehe S. 54).

Makro- und Mikroangiopathie schließen einander nicht aus. Ein hoher Blutdruck ist beispielsweise ein Risikofaktor für das Auftreten beider Formen einer Gefäßkrankheit. Dennoch ist es häufiger möglich, anhand der bei einem Schlaganfall auftretenden Beschwerden auch schon ohne technische Zusatzuntersuchungen recht verläßlich abzuschätzen, ob es sich um eine ursächliche Störung großer oder kleiner Arterien gehandelt hat. Dies könnte in Zukunft auch bei der Frühbehandlung von Schlaganfällen eine Rolle spielen.

Was ist eine Plaque?

Eine Plaque (von französisch = Platte) ist eine aus fettigen Streifen entstehende Ansammlung fetthaltiger Stoffe in der Innenwand von Gefäßen (Abb. 11). Plaques werden auch als Atherome (flache, fetthaltige Veränderungen auf der Innenwand von Arterien) oder atheromatöse Beete bezeichnet.

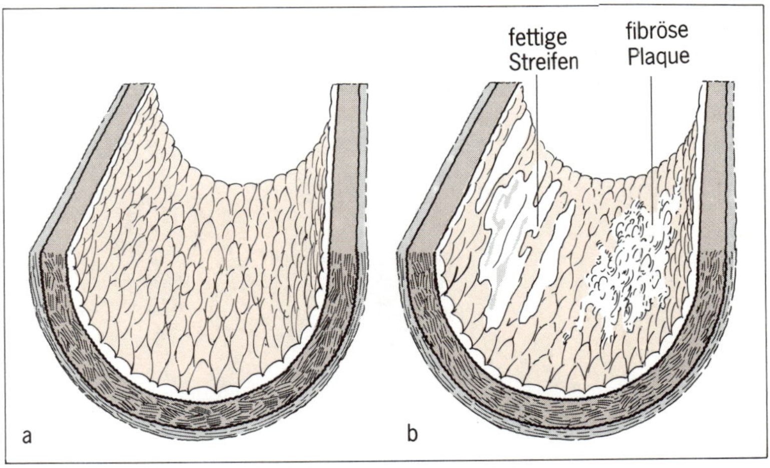

Abb. 11 Normale Gefäßinnenwand (a) und fettige Streifen sowie fibröse Plaques (b)

Plaques entstehen durch Einlagerung von Cholesterin, das durch Risse der Innenhaut aus dem Blut in die Zellen der Gefäßwand übergetreten ist. Wenn Plaques sich ausdehnen und verdicken, können sie die Wand von Arterien schließlich so unelastisch machen, daß diese sich nicht mehr entsprechend dem wechselnden Blutdruck und Durchblutungsbedarf ausdehnen und zusammenziehen können. Außerdem wird die normalerweise glatte Innenhaut zunehmend unregelmäßig und rauher. Dies führt dazu, daß die Blutzellen sich vermehrt daran reiben und leichter hängenbleiben. Dabei kann sich das Blut in Form geronnener Klümpchen auf der unebenen Oberfläche festsetzen.

Plaques können sich auch durch Einblutungen mit nachfolgender Gerinnung und »Organisation« (Verfestigung) des geronnenen Blutes vergrößern und schließlich zu einer immer deutlicheren Einengung der Gefäßlichtung führen. Außerdem können Plaques teilweise zerfallen und Bestandteile als sogenannten Embolus (siehe S. 47) in den Blutstrom abgeben, wodurch es zu einer Verschleppung in Gefäßabschnitte kommt, die näher am Gehirn liegen.

Bislang hat man sich bei der Suche nach Plaques hauptsächlich auf die Halsschlagadern und dabei besonders auf die Bifurkation (Aufteilungsstelle) in die innere und äußere Halsschlagader konzentriert. Sehr wahrscheinlich spielen aber auch Plaques in der Halsschlagader vor der Aufteilung oder noch weiter zum Herzen hin im sogenannten Aortenbogen eine Rolle (siehe S. 46). Bei Schlaganfallbetroffenen ohne sonstige erkennbare Ursache fanden sich im Aortenbogen ulzerierte (aufgebrochene) Plaques fast sechsmal häufiger als bei Betroffenen mit erkennbarer sonstiger Ursache.

Was ist eine Stenose?

Eine Stenose ist eine Einengung. Im Rahmen der Arteriosklerose ist damit ein zunehmendes Wachstum von Plaques mit Einengung der Lichtung von Arterien gemeint. Was genau das auslösende Ereignis ist, das bei einer bestehenden Stenose zum Auftreten einer Ischämie führt, ist bislang nicht genau bekannt. Dabei spielen ein Einreißen der Oberfläche und Einblutungen in stenosierende Plaques eine Rolle (siehe auch S. 46). Beide Vorgänge werden als Auslöser dafür angenommen, daß sich eine Thrombose am Ort der Stenose entwickelt und akut zu einem völligen Gefäßverschluß führen kann.

Bei der Beurteilung des Ausmaßes von Stenosen wird meist zwischen leichtgradigen (weniger als 30 % Einengung der Gefäßlichtung), mittelgradigen (30 – 70 %) und hochgradigen (mehr als 70 %) unterschieden. Allerdings täuschen solche Einteilungen eine größere Genauigkeit vor, als sich mit den üblichen Untersuchungstechniken tatsächlich erzielen läßt. Der Meßfehler liegt sowohl bei den Ultraschallverfahren als auch bei einer Angiographie bei etwa 10 %, d.h. die Angabe einer 60 %igen Stenose bedeutet, daß die tatsächliche Einengung auch 50 % oder 70 % betragen kann.

Unter normalen Bedingungen kommt es selbst hinter hochgradigen Stenosen (Abb. 12) erst bei einer Einengung von mehr als 90 % zu ei-

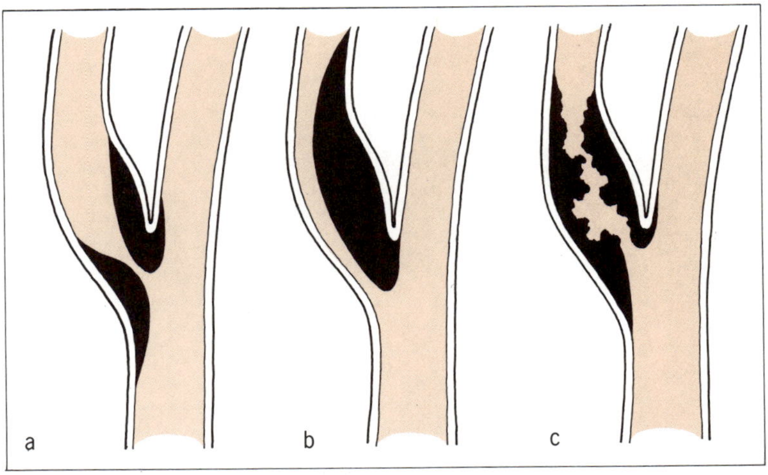

Abb. 12 Schematische Darstellung verschiedener Formen hochgradiger Stenosen am Abgang der inneren Halsschlagader: Einengung von beiden Seiten der Gefäßwand (a), Einengung nur von einer Seite (b), Ulzerationen (c)

nem nennenswerten Blutdruckabfall mit der Gefahr hämodynamischer (durch einen gestörten Blutfluß bedingter) Hirninfarkte. Auch höchstgradige Stenosen können jedoch ohne Auswirkung bleiben, wenn wirksame Kollateralen (Umgehungskreisläufe) bestehen. Bei ausreichender Kollateralversorgung führen selbst eine hochgradige Stenose oder ein Verschluß zu keinem oder nur zu einem minimalen Druckabfall in den nachgeschalteten Gefäßabschnitten, und alle Gehirnteile bleiben ausreichend durchblutet.

Fehlt bei hochgradigen Stenosen eine ausreichende Kollateralversorgung, erweitern sich die Gefäße in den nachgeschalteten Abschnitten des Gehirns möglichst stark, um bei dem stenosebedingt erniedrigten Druck doch noch eine ausreichende Durchblutung zu ermöglichen. Manchmal liegt der Blutdruck in den betroffenen Arterien dann schon an der unteren Grenze des Bereiches der sogenannten Autoregulation, in dem die Hirndurchblutung trotz schwankenden Blutdrucks gleich gehalten wird. In solchen Situationen kann schon ein geringes weiteres Absinken zu einem Schlaganfall führen.

Was ist ein Thrombus?

Ein Thrombus (Mehrzahl = Thromben) ist ein Blutgerinnsel, das unter anderem aus Thrombozyten (Blutplättchen) oder Erythrozyten (roten Blutkörperchen) besteht. In Arterien kommt es in der Regel zu vorwiegend aus Thrombozyten bestehenden »weißen« Thromben, in Venen und in den Vorhöfen des Herzens zu vorwiegend aus Fibrin (einem bei der Blutgerinnung entstehenden faserförmigen Eiweißstoff) und Erythrozyten bestehenden »roten« Thromben.

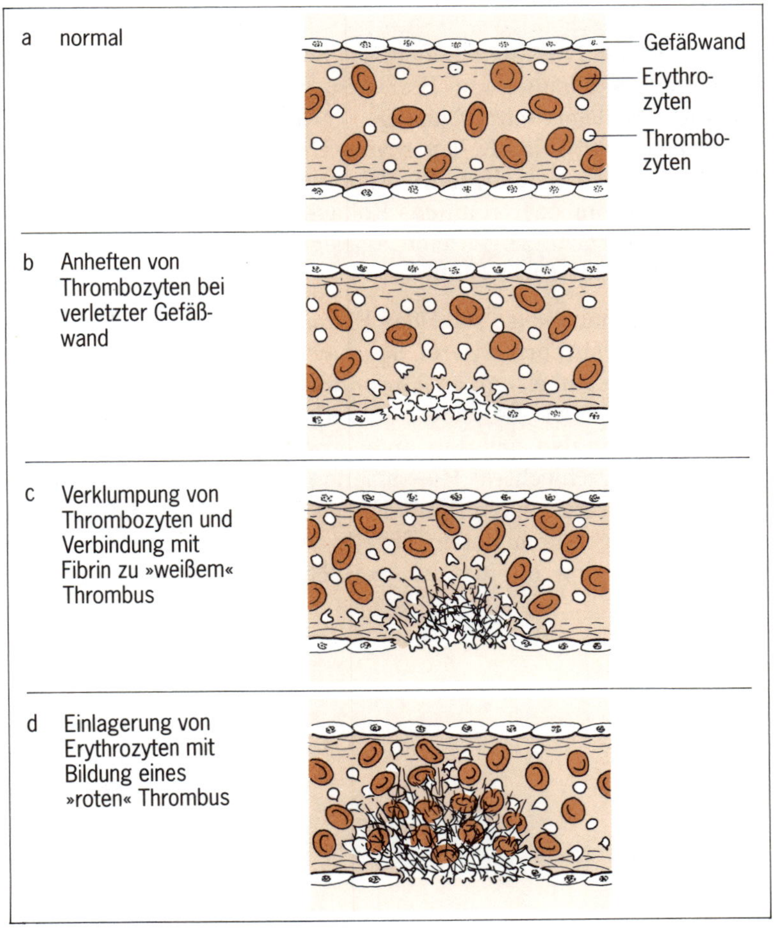

Abb. 13 Schematische Darstellung der Bildung eines Thrombus

Thrombozyten haben nur eine Lebensdauer von rund zehn Tagen. Normalerweise fließen sie wie die roten und weißen Blutkörperchen einzeln im Blutstrom. Kommt es jedoch zu Verletzungen oder Unregelmäßigkeiten an der inneren Auskleidung von Gefäßen, werden in den Blutplättchen Vorgänge ausgelöst, die zur Verklumpung und damit zur Bildung eines Thrombus sowie Anheftung an die Gefäßwand führen (Abb. 13). Dabei geben die Thrombozyten verschiedene Stoffe ab, unter anderem das sogenannte Thromboxan, das weitere Blutplättchen anlockt, und einen weiteren Stoff, der sich mit LDL-Cholesterin verbindet und innerhalb der Gefäßwand zu einer für die Muskelzelle der Gefäßwand hochgradig schädlichen Substanz wird.

Weiße Thromben bilden sich bevorzugt in Arterien am Ort oder in der Nähe von Plaques und Stenosen. Dabei sind insbesondere Thrombozyten und Kollagen (ein leimartiger Eiweißstoff) von Bedeutung. In gesunden Arterien wird das Kollagen vom Endothel (der inneren Gefäßauskleidung, siehe auch S. 32) bedeckt. Wenn das Endothel jedoch verletzt wird, lagern sich Thrombozyten an das Kollagen an. Dabei verändern die Thrombozyten ihre Form, zeigen eine Aggregation (Verklumpung) und scheiden verschiedene chemische Stoffe aus.

Normalerweise setzt das Endothel ein »gutes« Prostaglandin (ein spezielles Gewebshormon) frei, das auch Prostazyklin genannt wird. Dieses verhindert ein Anheften von Thrombozyten an der Arterienwand, solange diese unverletzt ist. Bei einem Endothelschaden befindet sich unter den Stoffen, die von den sich dort anlagernden Thrombozyten freigesetzt werden, auch ein »schlechtes« Prostaglandin, das zu einer Zunahme der Aggregation von Thrombozyten führt. Einige Fäden Fibrin, einem aus einer Vorstufe (Fibrinogen) gebildetem Eiweiß, das Blutzellen und andere Stoffe bei der Blutgerinnung miteinander »verklebt«, festigen dann den Thrombus.

Was ist eine Thrombose?

Eine Thrombose ist ein völliger oder teilweiser Verschluß eines Gefäßes durch einen an derselben Stelle in diesem Gefäß entstandenen Thrombus (Abb. 14). Eine vielen Lesern wahrscheinlich bekannte Form einer Thrombose betrifft die Beinvenen. Da normalerweise kein Übertritt in das arterielle Gefäßsystem möglich ist (siehe auch Embolie, S. 48), sind diese Thromben hinsichtlich der Gefahr eines drohenden Schlaganfalls meist ohne Bedeutung. Sie entwickeln sich allerdings häufiger nach einem Schlaganfall in einem gelähmten Bein, besonders bei nicht ausreichender Vorsorge in Form von Krankengymnastik, Stützstrümpfen oder Gabe von Medikamenten, die die Blutgerinnung abschwächen (Antikoagulantien, siehe S. 132f.).

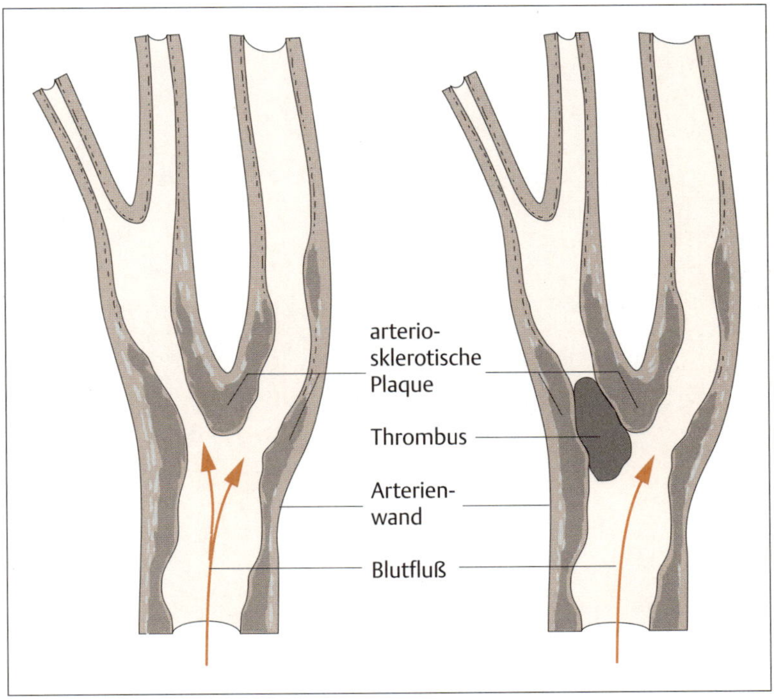

Abb. 14 Ein Thrombus, der bei vorbestehenden arteriosklerotischen Gefäßveränderungen (links) zu einer Thrombose (rechts) führt

Entsprechend der bevorzugten Verteilung arteriosklerotischer Veränderungen betrifft eine Thrombose der Hirngefäße in allererster Linie die Halschlagadern außerhalb des Kopfes am Hals. Der häufigste Ort ist die Aufteilungsstelle der gemeinsamen Halsschlagader in die innere und äußere Halsschlagader ungefähr in Höhe des Kehlkopfes. Weniger oft zeigen die Anfangsteile der großen Hirnarterien im Kopf thrombotische Veränderungen (siehe auch S. 35).

Arteriosklerotische Störungen führen am häufigsten über eine unregelmäßige, an der Oberfläche aufgebrochene, »ulzerierte« Plaque oder eine Einblutung zu einer örtlichen Thrombusbildung oder Thrombose. Diese kann sowohl embolisch als auch hämodynamisch verursachte Durchblutungsstörungen des Gehirns bewirken. Eine sehr seltene Ursache von Schlaganfällen sind Thrombosen der Hirnvenen und -sinus.

Was ist ein Embolus?

Ein Embolus (Mehrzahl Emboli) ist ein mit dem Blutkreislauf verschwemmter Thrombus (Blutgerinnsel) oder andersartiges Material, das nicht zu den normalen Blutbestandteilen gehört. Thromben stammen aus Blutgefäßen oder dem Herz.

Die Größe eines Embolus hängt unter anderem von den Blutdruck- und -flußverhältnissen am Ort seiner Entstehung ab. Je niedriger der Druck und je geringer der Blutfluß, desto größer kann ein zum Embolus werdender Thrombus werden (Tab. 4).

Bei Ultraschalluntersuchungen werden manchmal künstliche, zum Beispiel aus Fett oder Eiweiß bestehende Mikro-Emboli eingesetzt, die jedoch wegen ihrer geringen Größe in keinem Gefäß steckenbleiben können. Sie sind also harmlos und bringen keine Schlaganfallgefährdung mit sich.

Tab. 4 Abhängigkeit der Größe von Emboli vom Ort der Entstehung

Ort der Entstehung	Embolus-Größe
Arterie	klein
Herz	
– Endokarditis	sehr klein
– andere Klappenveränderungen	sehr klein
– Vorhofflimmern	klein
– Herzinfarkt	groß
– Vorhofmyxom	groß
Vene	mittel – groß

Was ist eine Embolie?

Eine Embolie ist ein Verschleppen eines Embolus mit dem Blutstrom und Steckenbleiben in einer meist kleineren Arterie, was zu einem teilweisen oder völligen Verschluß führt. Da ein Embolus meist aus einem abgelösten Teil eines Thrombus besteht, ist eine Embolie das letzte Glied in einer Kette mehrerer Ereignisse.

Eine vielen Lesern wahrscheinlich bekannte Form einer Embolie ist die Lungenembolie. Dabei kommt es meist zur Ablösung eines Teiles einer Beinvenenthrombose mit Transport des dann als Embolus bezeichneten Gerinnsels zum Herz hin. Dort erfolgt über den rechten Vorhof und die rechte Herzkammer die Verschleppung zur Lunge, wo der Embolus in kleinen Blutgefäßen steckenbleibt.

Bei Durchblutungsstörungen des Gehirns stammt der Embolus etwa gleich häufig von abgelösten Teilen arteriosklerotischer Plaques und Stenosen der das Gehirn versorgenden Arterien und aus dem Herzen (Abb. 15). Die Embolien mit Ausgang von arteriosklerotischen Veränderungen werden auch arterio-arteriell genannt. Die Bildung eines Thrombus in der linken Herzkammer oder im linken Vorhof mit nachfolgender Verschleppung über die Aorta in die hirnversorgenden Arterien wird als kardiogene Embolie bezeichnet. Daneben kann der Thrombus in seltenen Fällen schließlich auch aus entfernteren Körpervenen stammen, zum Beispiel einer Beinvenenthrombose. Damit er von dort in das Gehirn gelangen kann, muß allerdings eine Veränderung am Herz bestehen, die einen Übertritt vom rechten in den linken Vorhof oder von der rechten in die linke Herzkammer ermöglicht. Am häufigsten geschieht dies durch ein bei 20–25 % aller über 30jährigen vorkommendes kleines Loch in der Trennwand der Herzvorhöfe, ein sogenanntes offenes Foramen ovale. Die aus Bein- oder anderen Körpervenen stammenden Embolien werden wegen des ungewöhnlichen Weges auch »paradoxe« Embolien oder wegen des Wechsels von der rechten auf die linke Herzseite »gekreuzte« Embolien genannt (Tab. 5, S. 50).

Eine Embolie kann prinzipiell in jede Arterie erfolgen. Die rechtwinklig abzweigenden Arterien der Stammganglien sind jedoch ebenso selten betroffen wie Hirnstammarterien und die großen Arterien außerhalb des Kopfes. Vorzugsstellen für das Hängen- oder Steckenbleiben von Embolien sind neben kleinen arteriellen Endästen im Gehirn (bei sehr kleinen Gerinnseln) insbesondere die Aufteilungsstellen der inneren Halsschlagader im Kopf in die vordere und mittlere Hirnarterie sowie die Aufzweigung in die verschiedenen Äste der mittleren Hirnarterie.

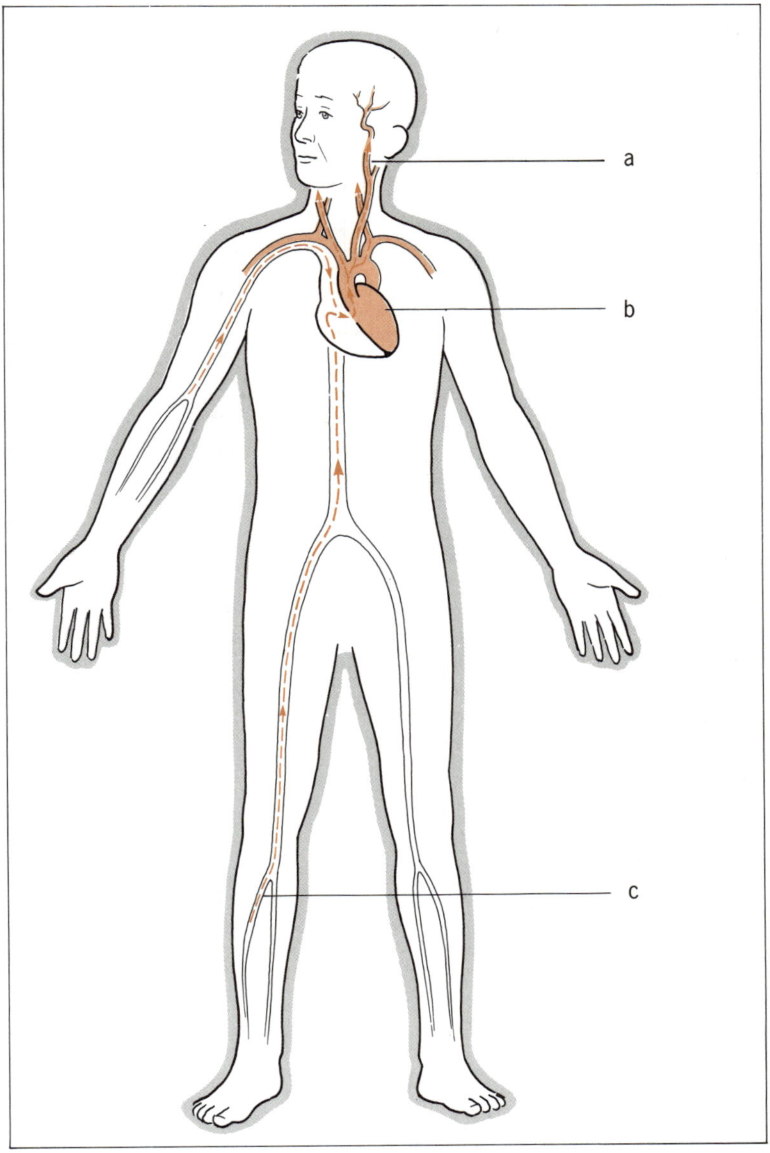

Abb. 15 Darstellung verschiedener Embolieformen als Ursache von Schlaganfällen arterio-arteriell (a), kardiogen (b), »gekreuzt« (c)

Ein embolischer Verschluß einer Hirnarterie führt zunächst immer zu einem verminderten Blutfluß in deren Versorgungsgebiet. Manchmal kommt es aber relativ rasch entweder zur Auflösung des Embolus mit einer dann vorübergehend sogar vermehrten Durchblutung oder zum »Einschalten« von Kollateralen.

Tab. 5 Arten von Embolien

Art	Herkunft des Embolus
arterio-arteriell	arteriosklerotische Plaques und Stenosen, meist außerhalb des Kopfes
kardiogen	linker Vorhof linke Herzkammer Herzklappen
gekreuzt/paradox	venöser Kreislauf (zum Beispiel Beinvenenthrombose, stets in Verbindung mit Defekt des Septums [der Scheidewand] zwischen rechtem und linkem Vorhof)

Was sind die wichtigsten Risikofaktoren?

Die wichtigsten Risikofaktoren für einen Schlaganfall sind neben einem hohen Alter und Herzkrankheiten insbesondere frühere Durchblutungsstörungen, eine Arteriosklerose, hoher Blutdruck, Rauchen, Diabetes (Zuckerkrankheit) und eine falsche Ernährung. Von den Risikofaktoren können manche weder vom Arzt noch von den Betroffenen beeinflußt werden, bei anderen ist dies der Fall. Nicht beeinflußbar ist beispielsweise das Lebensalter oder die Tatsache einer vererbten Krankheit, die bekanntermaßen einen Schlaganfall begünstigt (siehe auch Tab. 6).

Risikofaktoren für einen Schlaganfall wirken in aller Regel gemeinsam und nicht unabhängig voneinander. So haben übergewichtige Menschen, die zuviel essen und Alkohol trinken sowie sich zu wenig bewegen, öfters sowohl hohen Blutdruck als auch eine Zuckerkrankheit und erhöhte Blutfette. Das Schlaganfallrisiko steigt um so deutlicher an, je mehr Risikofaktoren gleichzeitig vorhanden sind.

Es muß auch berücksichtigt werden, daß eine Arteriosklerose stets Ausdruck einer allgemeinen Gefäßkrankheit ist. Deswegen haben Menschen mit arteriosklerotisch bedingten Durchblutungsstörungen in anderen

Tab. 6 Risikofaktoren für Durchblutungsstörungen des Gehirns

Nicht beeinflußbar	Beeinflußbar
– Vererbung von Krankheiten mit erhöhtem Schlaganfallrisiko	– frühere Durchblutungsstörung
– angeborene Herzkrankheiten	– Arteriosklerose
– Alter	– hoher Blutdruck
– Geschlecht	– erworbene Herzkrankheiten
– Rasse	– Rauchen
– Unfälle	– falsche Ernährung
	– Übergewicht
	– Zuckerkrankheit
	– Störungen der Blutgerinnung
	– andere Blutkrankheiten
	– erhöhte Blutfette
	– übermäßiges Trinken von Alkohol
	– Antibabypille

Körperabschnitten (zum Beispiel als arterielle Verschlußkrankheit der Beine mit der »Schaufensterkrankheit« oder als Erkrankung der Herzkranzgefäße mit Angina pectoris-Anfällen) auch ein erhöhtes Schlaganfallrisiko. Umgekehrt gilt, daß Durchblutungsstörungen des Gehirns nicht nur ein Warnzeichen für einen drohenden schweren Schlaganfall, sondern auch für andere Herz-Kreislauf-Krankheiten sind.

Welche vererbbaren Krankheiten mit erhöhtem Schlaganfallrisiko gibt es?

Die weitaus meisten Schlaganfälle haben nichts mit vererbbaren Krankheiten bzw. erblichen Einflüssen zu tun, oder dies ist zumindest nicht erkennbar. Ein Vergleich ein- und zweieiiger Zwillinge zeigte nach einem Schlaganfall eines Zwillings für eineiige Geschwister ein vierfach erhöhtes Risiko, ebenfalls einen Schlaganfall zu bekommen. Es gibt auch Familien, in denen Schlaganfälle und andere arteriosklerotische Herz-Kreislauf-Erkrankungen eine beeindruckende Häufung mit Auftreten schon im jüngeren Erwachsenenalter zeigen. Bei manchen Schlaganfällen wie zum Beispiel nach unfallbedingten Gefäßverletzungen liegen zwar andere Auslöser auf der Hand, selbst dann können aber ererbte Gefäßkrankheiten begünstigend wirken.

Eine amerikanische Untersuchung konnte zeigen, daß das Schlaganfallrisiko für Männer, deren Mutter an einem Schlaganfall gestorben ist, um das Dreifache erhöht ist. Mit Sicherheit gehen in solche Beobachtungen aber auch Ähnlichkeiten bei der Ernährung und sonstigen Lebensgewohn-

Tab. 7 Die wichtigsten vererbbaren Schlaganfallursachen

Bindegewebskrankheiten
- Ehlers-Danlos-Syndrom
- Marfan-Syndrom
- fibromuskuläre Dysplasie

Blutkrankheiten
- Sichelzell-Anämie
- Antithrombin-III-Mangel
- Protein-C-Mangel
- Protein-S-Mangel

Andere Krankheiten
- angeborene Fettstoffwechselstörungen
- Homozystinurie
- Fabry-Krankheit
- Migräne
- mitochondriale Zytopathien
- Sneddon-Syndrom

heiten ein, die dann wiederum andere Risikofaktoren wie den Blutdruck beeinflussen.

In den letzten Jahren wurde eine relativ seltene, bevorzugt Menschen im mittleren Lebensalter mit Hochdruck betreffende Schlaganfallform entdeckt, bei der ein entsprechendes Risiko eindeutig vererbt wird. Es handelt sich dabei um eine Mikroangiopathie (siehe S. 37f.), die als sogenannte zerebrale autosomal-dominante Arteriopathie mit subkortikalen Infarkten und Leukenzephalopathie (englisch: cerebral autosomal dominant arteriopathy with subcortical infarcts and leucencephalopathy; CADASIL) bezeichnet wird. Bei den Betroffenen kommt es nach einem Beschwerdebeginn mit migräneartigen Kopfschmerzen und zunächst transitorischen ischämischen Attacken im weiteren Verlauf zu immer schwereren und bleibenden Ausfallserscheinungen. Meist kommt es zu einem deutlichen Verlust der geistigen Leistungsfähigkeit in Verbindung mit Lähmungserscheinungen an Armen und Beinen und Schluckstörungen, daneben kommen auch Depressionen und andere psychiatrische Störungen vor.

Besonders bei jungen Menschen ist auch unabhängig von CADASIL eine überzufällige Häufung von Schlaganfällen bei Bestehen einer sehr häufig erblichen Migräne-Erkrankung beobachtet worden. Allerdings betrifft dies fast ausschließlich die sogenannte komplizierte Migräne (manchmal auch als Migraine accompagnée bezeichnet). Bei dieser kommt es auch schon im Rahmen der Kopfschmerzattacken zu weiteren neurologischen Störungen wie Lähmungen oder Gesichtsfeldausfällen, als deren Ursache Durchblutungsstörungen angenommen werden.

Andere Beispiele von mit Schlaganfällen einhergehenden Erbkrankheiten sind seltene Fettstoffwechselstörungen und Bindegewebskrankheiten wie die Fabry-Krankheit, das Marfan-Syndrom oder die fibromuskuläre Dysplasie und das Sneddon-Syndrom (Tab. 7, S. 53). Zum Teil wird später noch auf sie eingegangen (siehe S. 87f.); insgesamt spielen sie zahlenmäßig keine große Rolle.

Was sind die Auswirkungen des Älterwerdens?

Bei den Angaben zur Häufigkeit von Schlaganfällen am Anfang dieses Buches wurden unter anderem die Begriffe der *Inzidenz* (= Zahl von Neuerkrankungen in einem Jahr) und *Inzidenzrate* (= Inzidenz bezogen auf 100 000 Menschen) erläutert und eine Inzidenzrate von Schlaganfällen von etwa 200 angegeben. Letztlich macht eine solche Angabe bei Krankheiten wie dem Schlaganfall aber nicht allzu viel Sinn, weil das Risiko in der Gesamtbevölkerung sehr unterschiedlich verteilt ist.

Ein zunehmendes Lebensalter ist der Hauptrisikofaktor für einen Schlaganfall. Während die Inzidenzrate für 60jährige Menschen noch bei rund 250 Erkrankungen (pro 100 000 Menschen und Jahr) und damit nur leicht über dem Durchschnitt der Gesamtbevölkerung von rund 200 liegt, steigt es danach stark an (Abb. 16). Rund zwei Drittel aller Schlaganfälle treten bei Menschen jenseits des 70. Lebensjahres auf, und das Risiko eines 85jährigen ist tausendmal höher als das eines 25jährigen.

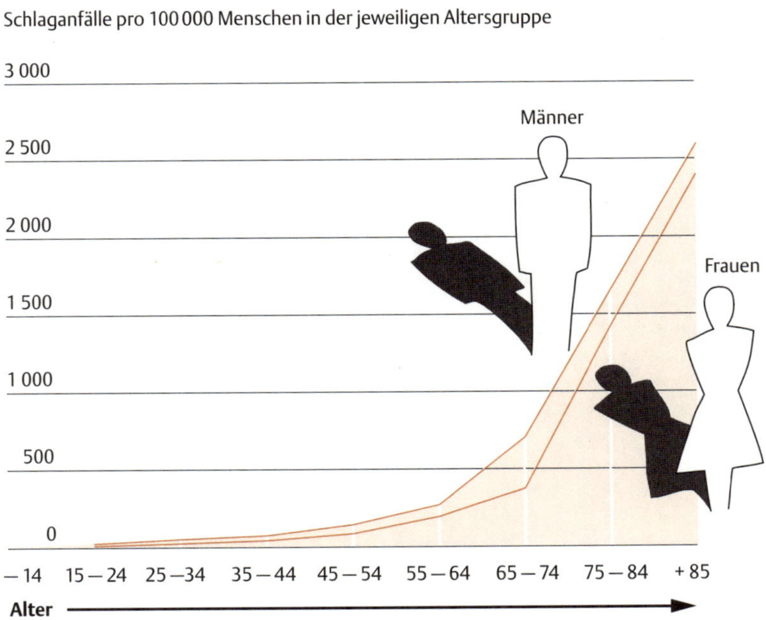

Abb. 16 Zunehmendes Lebensalter als Hauptrisikofaktor für einen Schlaganfall

Ob allerdings wirklich das Lebensalter selbst ein Risikofaktor für Schlaganfälle ist oder dies nur durch Auswirkungen anderer Risikofaktoren, die sich mit dem Alter zunehmend bemerkbar machen, vorgetäuscht wird, läßt sich nicht eindeutig entscheiden. So wurde ein hoher Blutdruck lange Zeit als für das höhere Lebensalter normal angesehen und blieb deswegen unbehandelt. Auch schädliche Auswirkungen des Rauchens oder einer falschen Ernährung wirken sich um so eher aus, je länger sie bestehen. Es könnte also sein, daß die Bedeutung des Alters als Risikofaktor für Schlaganfälle mit einer zunehmend gesünderen Lebensweise von Großteilen der Bevölkerung in der Zukunft abnimmt.

Gibt es Unterschiede zwischen Frauen und Männern?

Wie das Alter zählt auch das Geschlecht zu den nicht beeinflußbaren Risikofaktoren. Männer sind besonders im Alter bis zu 75 Jahren häufiger von Schlaganfällen betroffen als Frauen (siehe auch Abb. 16, S. 55). Jenseits des 75. Lebensjahres haben Frauen häufiger Schlaganfälle. Dies kann u.a. auch daran liegen, daß Frauen im Durchschnitt deutlich älter werden als Männer, weshalb die für die Gesamtbevölkerung zusammengerechneten Erkrankungszahlen an Schlaganfällen für Frauen höher sind als für Männer. In den Altersklassen zwischen 75 und 85 Jahren sowie über 85 Jahren gibt es etwa doppelt so viele bzw. dreimal so viele Frauen wie Männer mit Schlaganfällen (Abb. 17). Im Durchschnitt vieler Studien stehen 100 Männern mit einem Schlaganfall etwa 130 Frauen gegenüber.

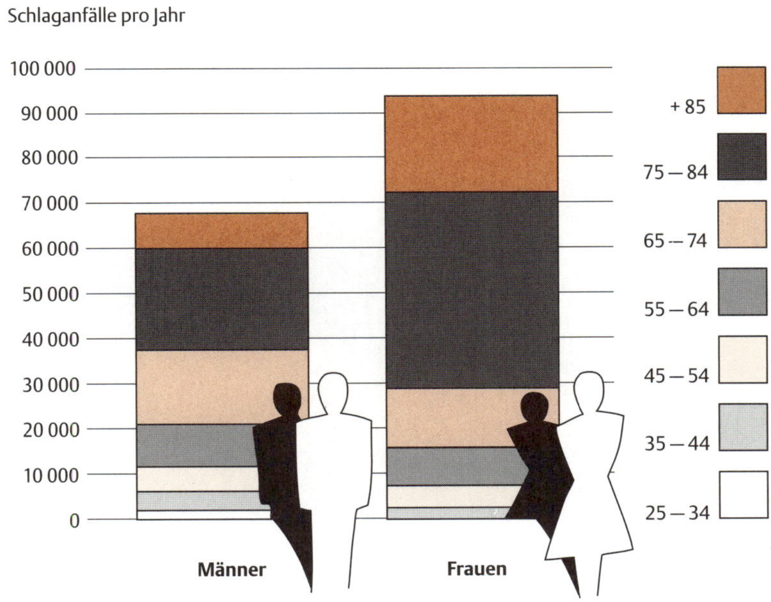

Abb. 17 Häufigkeit eines ersten Schlaganfalls in Deutschland für Frauen und Männer in den verschiedenen Altersstufen

Als Ursache der niedrigeren Schlaganfallhäufigkeit besonders jüngerer Frauen wird in erster Linie eine Schutzwirkung der weiblichen Geschlechtshormone angenommen, besonders der Östrogene. Bis zu den

Wechseljahren haben Frauen auch seltener einen Bluthochdruck als Männer, danach kommt es aber zu einer weitgehenden Angleichung. Bei den meisten Frauen kommt es erst nach den Wechseljahren zu beetartigen Cholesterinablagerungen in den Arterienwänden, wie sie sich bei Männern schon im mittleren Lebensalter regelmäßig nachweisen lassen. Daß zwischen den Geschlechtern ein Unterschied in bezug auf die Schlaganfallhäufigkeit besteht, könnte aber auch andere Ursachen haben: Männer rauchen z.B. häufiger. Allerdings ist es bei diesem wie auch bei anderen Einflüssen in den letzten Jahrzehnten immer mehr zu einer Angleichung zwischen den Geschlechtern gekommen. Jüngere Frauen haben bei der Einnahme der Antibabypille und gleichzeitigem Vorliegen anderer Risikofaktoren wie Rauchen, hoher Blutdruck oder Migräne gegenüber gleichalten Männern ein deutlich erhöhtes Schlaganfallrisiko.

Gibt es Unterschiede zwischen den Rassen?

Zwischen den verschiedenen menschlichen Rassen bestehen auch im Hinblick auf Schlaganfälle beträchtliche Unterschiede. So sind schon die bevorzugten Stellen arteriosklerotischer Veränderungen deutlich verschieden: Während sich bei Weißen überwiegend Veränderungen an den Halsschlagadern außerhalb des Gehirns nachweisen lassen, sind bei Orientalen bevorzugt die Gefäße innerhalb des Schädels betroffen, und Schwarze zeigen eine Mischung beider Formen.

Auch die Häufigkeit der verschiedenen Schlaganfallformen ist bei den unterschiedlichen Rassen nicht einheitlich. Bei Schwarzen treten beispielsweise viel mehr Blutungen auf, seien es Subarachnoidalblutungen oder Blutungen in das Gehirn. Diese Unterschiede sind bei jüngeren Betroffenen noch deutlicher als bei Älteren. In Amerika sind Schlaganfälle bei Schwarzen zwar häufiger als bei Weißen, dies könnte aber auch mit einem im Durchschnitt niedrigeren Lebensstandard der Schwarzen einschließlich ungesunderer Ernährung und schlechterer Blutdruckkontrolle zusammenhängen.

Die weltweit höchste Sterblichkeit an Schlaganfällen haben beispielsweise Japaner. Eine seltene, bei Japanern gehäuft auftretende Gefäßkrankheit mit hohem Schlaganfallrisiko ist beispielsweise die sogenannte Moyamoya-Krankheit (siehe S. 88). Japaner haben auch weitaus häufiger als Europäer arteriosklerotische Veränderungen der Arterien im Gehirn, zum Beispiel der mittleren Hirnarterie.

Was ist erhöhter Blutdruck, und wie wirkt er sich aus?

Nach dem höheren Lebensalter ist eine arterielle Hypertonie oder ein Hypertonus (beides = Bluthochdruck) der zweitwichtigste Risikofaktor für das Auftreten eines Schlaganfalls. Im Gegensatz zum Alter ist ein hoher Blutdruck beeinflußbar, was ihn unter dem Gesichtspunkt der Vorbeugung von Schlaganfällen besonders wichtig macht. Je höher der Blutdruck, desto größer ist das Risiko eines Schlaganfalls (Abb. 18). Eine alleinige Erhöhung des oberen, systolischen Blutdruckwertes über 180 mmHg bewirkte in einer englischen Untersuchung eine Versechsfachung des Schlaganfallrisikos.

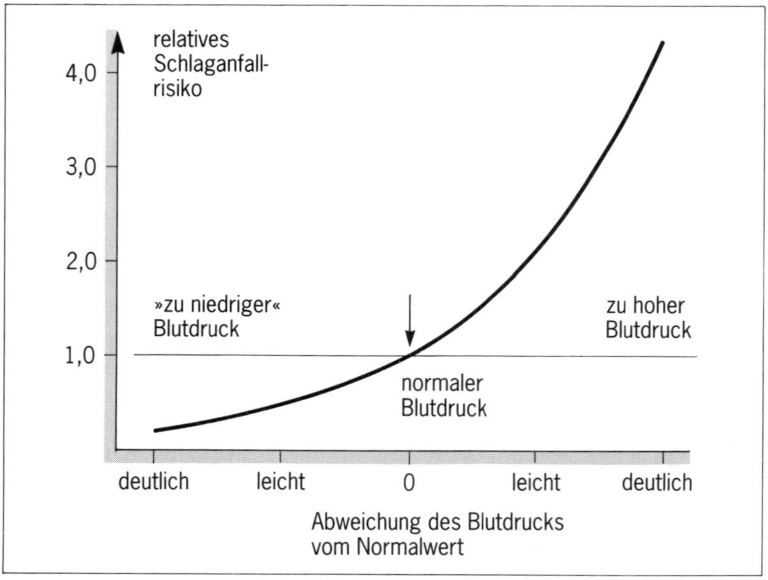

Abb. 18 Schlaganfallrisiko in Abhängigkeit vom Blutdruck

Die Auswirkungen eines erhöhten Blutdrucks bestehen sowohl in reversiblen (rückbildungsfähigen) als auch in irreversiblen (nicht rückbildungsfähigen) Veränderungen der Arterien. Die Schäden, die ein hoher Blutdruck an den Gefäßwänden über eine vermehrte Beanspruchung der Innenhaut hervorruft, begünstigt in großen Arterien in erster Linie das Entstehen und Fortschreiten einer Arteriosklerose mit einer Verdickung der Gefäßwände und verminderten Elastizität (Anpassungsvermögen). In kleinen Arterien begünstigt ein hoher Blutdruck die Ausbildung sogenannter Mikroaneurysmen in tiefliegenden Arterien des Gehirns als Ursache von Blutungen. Daneben ist ein hoher Blutdruck unter anderem auch noch ein Risikofaktor für das Auftreten von Vorhofflimmern (siehe S. 65f.).

Selbst ein deutlich erhöhter Blutdruck verursacht meist keine oder kaum wahrnehmbare Beschwerden. Das ist unter dem Gesichtspunkt einer möglichst frühzeitigen Erkennung und Behandlung eigentlich bedauerlich, weil ein zu hoher Blutdruck der mit Abstand wichtigste behandelbare Risikofaktor für alle Herz-Kreislauf-Erkrankungen ist. Die Hälfte bis zwei Drittel der Menschen, die einen Schlaganfall erleiden, haben einen zu hohen Blutdruck, während dies im Durchschnitt der Bevölkerung nur bei 15–20 % der Fall ist.

Im Mittel ist das Schlaganfallrisiko durch einen erhöhten Blutdruck (Werte über 160/95 mmHg) etwa auf das Zwei- bis Dreifache erhöht, selbst bei grenzwertigen Blutdruckwerten läßt sich noch eine Risikoerhöhung um etwa 50 % nachweisen. Nach einer zusammenfassenden Auswertung von neun sogenannten prospektiven (den weiteren Verlauf betreffenden) Untersuchungen bei insgesamt 420 000 Menschen, die jeweils über

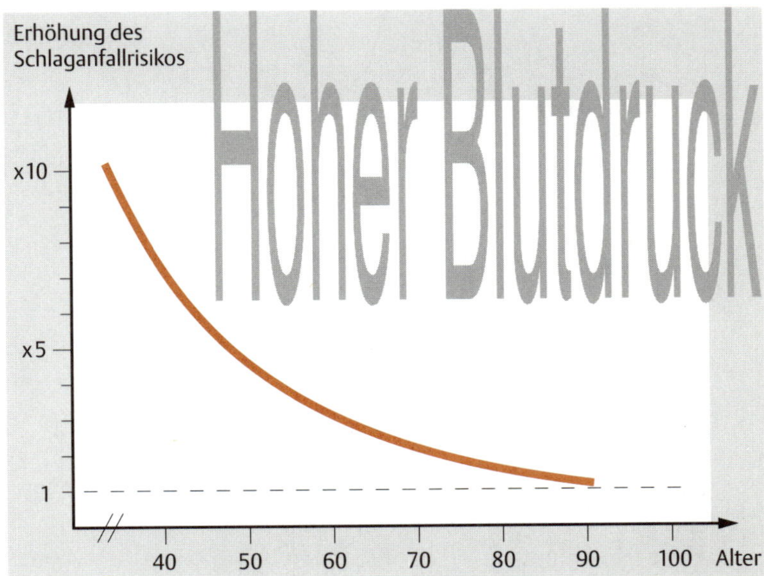

Abb. 19 Abnehmende Bedeutung eines hohen Blutdrucks mit zunehmendem Alter

10 Jahre kontrolliert worden waren, wird das Schlaganfallrisiko bei einer Erhöhung des diastolischen Blutdrucks um 7,5 mmHg um knapp 50 % erhöht. Eine gleichartige Auswertung von 33 Untersuchungen bei fast 450 000 Menschen, die im Durchschnitt über 16 Jahre kontrolliert worden waren, bestätigte das mit dem Blutdruck dramatisch ansteigende Schlaganfallrisiko. Hier waren zwar in erster Linie nur tödlich verlaufende Schlaganfälle berücksichtigt worden, aber auch dann verdoppelte sich das Risiko pro 10 mmHg diastolischen Blutdrucks nahezu. Menschen mit einem mittleren diastolischen Blutdruck von 102 mmHg hatten gegenüber solchen mit einem Mittelwert von 75 mmHg ein fünffach höheres Risiko.

Sehr wichtig ist auch eine Berücksichtigung des Lebensalters. Dabei zeigte sich nämlich, daß die Risikoerhöhung durch hohen Blutdruck bei jungen Menschen viel stärker ist als bei älteren (Abb. 19, S. 61). In der Altersgruppe unter 45 Jahre steigt das Risiko bis zum 10fachen an, während es sich bei den über 65jährigen nur noch verdoppelt, und bei 80- oder 90jährigen kein sicherer schädlicher Einfluß mehr erkennbar ist. Natürlich handelt es sich bei solchen Angaben nur um Mittelwerte, und die tatsächliche Risikoerhöhung kann im Einzelfall in Abhängigkeit vom Ausmaß der Blutdruckerhöhung und Vorhandensein anderer Risikofaktoren sowohl noch höher als auch niedriger sein.

Wann kann auch zu niedriger Blutdruck zu einem Schlaganfall führen?

Auch ein in der Fachsprache als arterielle Hypotonie bezeichneter zu niedriger Blutdruck kann Ursache eines Schlaganfalls sein. Im Vergleich zu erhöhtem Blutdruck ist dies aber viel seltener der Fall. Man schätzt, daß auf einen Schlaganfall durch zu niedrigen Blutdruck etwa 10 durch zu hohen Blutdruck kommen.

Ein zu niedriger Blutdruck kann unter zwei Voraussetzungen zu einem Schlaganfall führen. Die erste Möglichkeit besteht in einer in der Regel sehr weit fortgeschrittenen arteriosklerotischen Gefäßschädigung mit deutlicher Einengung oder Verschluß einer oder mehrerer hirnversorgender Arterien und einem deutlichen Blutdruckabfall. Die zweite Möglichkeit besteht in einem noch stärkeren Abfall des Blutdrucks und einer Minderversorgung der sogenannten End- und Grenzstromgebiete im Gehirn, die jeweils nur von einer Arterie versorgt werden.

In beiden Situationen sind die Arteriolen und auch die größeren Arterien des Gehirns nicht mehr in der Lage, sich zu erweitern und trotz des niedrigen allgemeinen Blutdrucks für eine normale Hirndurchblutung zu sorgen. Beispiele entsprechender Krankheiten sind Herzrhythmusstörungen, Operationen mit starkem Blutverlust oder die Einnahme von stark und rasch blutdrucksenkenden Medikamenten. Daneben kann ein Blutdruckabfall auch bei Gefäßveränderungen, die durch Umgehungskreisläufe gerade noch kompensiert (ausgeglichen) werden, mit einem hohen Schlaganfallrisiko einhergehen. Schließlich glauben manche Fachleute, daß das gehäufte Auftreten von Schlaganfällen im Schlaf mit einem nächtlichen Abfallen des Blutdrucks in Zusammenhang stehen könnte.

Gelegentlich können vorangegangene TIAs bei Lagewechsel (zum Beispiel bei raschem Aufstehen) auf einen durch einen zu niedrigen Blutdruck bedingten Schlaganfall hinweisen. Ganz allgemein sind auch ältere Menschen mit seit langer Zeit bekanntem Hochdruck besonders gefährdet, einen Schlaganfall durch zu niedrigen Blutdruck zu erleiden. Solche Schlaganfallformen werden auch als hämodynamisch, durch gestörten Blutfluß, bedingt bezeichnet.

Bei den betroffenen Menschen ist die Untergrenze zur sogenannten Autoregulation der Hirndurchblutung zu einem höheren Wert hin verschoben. Ein plötzliches Absinken unter diesen Wert führt dann zu einem starken Abfall der Hirndurchblutung, der nicht mehr ausgeglichen werden kann. Für solche Menschen kann ausnahmsweise einmal die weitverbreitete und oft unkritisch benutzte Bezeichnung eines »Erfordernis«-Hochdrucks gelten. Dies soll ausdrücken, daß die Betroffenen einen leicht bis mäßig erhöhten Blutdruck benötigen, damit ihr Gehirn ausreichend durchblutet wird und es ihnen gutgeht.

Im allgemeinen gilt jedoch eindeutig, daß der Blutdruck für eine angestrebte Verhinderung eines Schlaganfalls gar nicht niedrig genug sein kann. Es konnte nachgewiesen werden, daß Menschen mit einem »zu niedrigen« Blutdruck gegenüber solchen mit normalen Druckwerten ein eindeutig geringeres Schlaganfallrisiko haben. Eine besonders bei jüngeren Frauen häufige leichte Hypotonie mit systolischen Werten von 90 bis 100 mmHg ist in dieser Hinsicht keine Krankheit, wenngleich sie wegen der damit einhergehenden Müdigkeit und Schlappheit für die Betroffenen unangenehm und lästig ist.

Was ist Vorhofflimmern, und wie wirkt es sich aus?

Vorhofflimmern ist eine bei rund 30% aller über 75jährigen Menschen mit Schlaganfällen vorkommende Herzkrankheit, bei der die Muskulatur der Vorhöfe sich ohne Abstimmung mit den Kammern sehr rasch und unregelmäßig zusammenzieht (Abb. 20). Normalerweise breitet sich die Erregung der Herzmuskelzellen von den Vorhöfen auf die Herzkammern aus, und das Zusammenziehen sowie Entfalten der beiden Vorhöfe und Kammern ist genau aufeinander abgestimmt. Bei Vorhofflimmern kommt es bis zu 600mal pro Minute zu einem völlig unkontrollierten, »wilden« Zusammenziehen der Vorhöfe. Dies führt dazu, daß die Herzkammern nicht mehr richtig mit Blut gefüllt werden und das Herz seine normale Pumpfunktion verliert. Zu Schlaganfällen kann es sowohl durch Embolien (nach einer durch das langsam fließende Blut begünstigten Bildung von Thromben im linken Vorhof) als auch aufgrund des abfallenden Drucks in den Schlagadern kommen.

Vorhofflimmern ist sowohl als Ursache als auch als Risikofaktor für Schlaganfälle die mit Abstand wichtigste Herzkrankheit. Im ersten Jahr nach Auftreten eines Vorhofflimmerns ist im Mittel bei etwa 15% der Be-

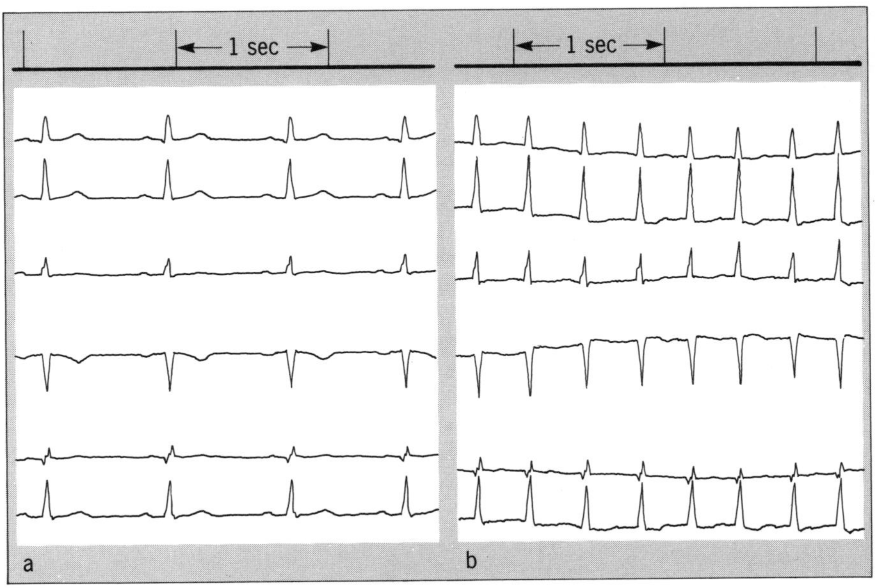

Abb. 20 Unauffälliges EKG (a) und EKG bei Vorhofflimmern (b)

troffenen mit einem Schlaganfall zu rechnen, danach bei etwa 5 % im Jahr. Je länger ein Vorhofflimmern dann besteht und mit je mehr anderen Veränderungen am Herz es vergesellschaftet ist, desto eher kommt es zu einem Schlaganfall. Nur zeitweise vorhandenes Vorhofflimmern ohne sonstige Herzveränderungen (sogenanntes alleiniges Vorhofflimmern) geht besonders bei jüngeren Menschen nicht mit einem nennenswert erhöhten Schlaganfallrisiko einher. Ein besonders hohes Risiko haben Menschen, deren Vorhofflimmern auf eine durch eine bakterielle Entzündung bedingte »rheumatische« Herzkrankheit zurückzuführen ist, die zusätzlich zu Veränderungen der Herzklappen geführt hat.

Ohne begleitende Veränderungen wie eine Vergrößerung des linken Vorhofes oder Herzklappenerkrankungen ist das Schlaganfallrisiko bei älteren Menschen mit Vorhofflimmern bereits auf das Fünf- bis Sechsfache erhöht, bei zusätzlichen rheumatischen Klappenveränderungen sogar auf das 17fache. Insgesamt spielt Vorhofflimmern bei rund 10 bis 15% aller Schlaganfälle eine ursächliche Rolle, wobei die Bedeutung wie bei den meisten anderen Risikofaktoren mit zunehmendem Lebensalter abnimmt.

Welche anderen Herzkrankheiten sind mögliche Ursachen und Risikofaktoren?

Neben Vorhofflimmern sind auch andere Herzkrankheiten sowohl häufigere Ursachen als auch Risikofaktoren von Schlaganfällen (Tab. 8). Da besonders ischämische Schlaganfälle in einem engen Zusammenhang mit einer Arteriosklerose stehen, ist dies auch nicht besonders erstaunlich. Schließlich bekommt das Herz die Auswirkungen einer Arteriosklerose als erstes Organ zu spüren, und die Herzkranzgefäße sind oft sehr früh betroffen. Jedenfalls hat etwa jeder fünfte Schlaganfallbetroffene früher schon einmal Zeichen einer Durchblutungsstörung des Herzens gehabt.

Tab. 8 Herzkrankheiten als Ursache von embolischen Hirninfarkten

betroffener Herzteil	Krankheit
ganzes Herz	angeborene Herzfehler Endokarditis Herzoperationen Kardiomyopathie
linker Vorhof	Vorhofflimmern Vorhofmyxom offenes Foramen ovale Vorhofseptumaneurysma
Herzklapppen	rheumatische Herzkrankheiten künstliche Herzklappen Mitralringverkalkung Mitralklappenvorfall
linke Herzkammer	kürzlicher Herzinfarkt Aneurysma

Herzkrankheiten können sowohl über eine umschriebene Abnahme der Hirndurchblutung als auch eine allgemein verminderte Durchblutung des Gehirns zu Schlaganfällen führen. Umschriebene Störungen beruhen meist auf kardiogenen (vom Herz ausgehenden) Embolien (Abb. 21, S. 68). Die häufigsten Ursachen dafür sind in absteigender Häufigkeit die bereits im letzten Abschnitt besprochene absolute Arrhythmie mit Vor-

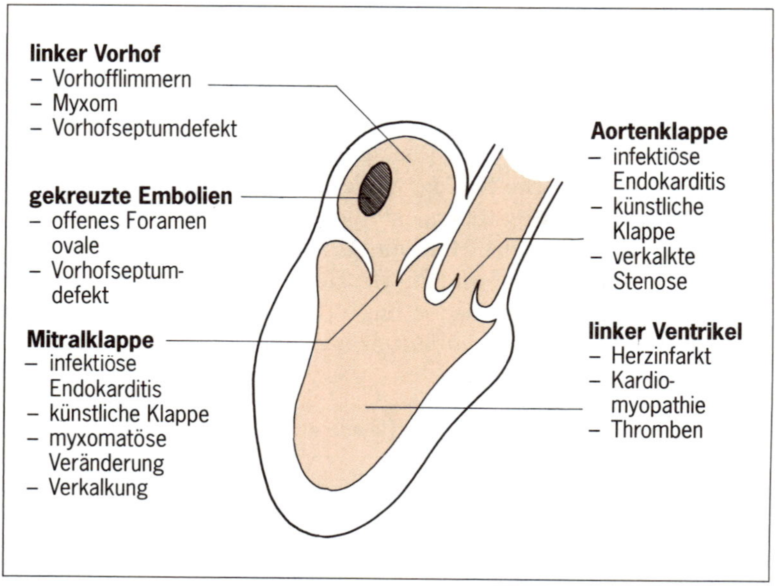

Abb. 21 Kardiale Ursachen embolischer Herzinfarkte

hofflimmern (rund 45 %), ein kürzlicher Herzinfarkt (rund 15 %) sowie mit jeweils rund 10 % rheumatische Herzkrankheiten, Herzklappenersatz, Aneurysmen sowie andere, seltene Krankheiten (Abb. 22).

Nach einem *Herzinfarkt* erleiden 3–5% der Betroffenen Embolien in das Gehirn, wovon zwei Drittel in den ersten 3 Wochen auftreten. Ausgedehnte, sogenannte transmurale (die ganze Wand durchdringende) Infarkte der Herzvorderwand bringen das höchste Risiko mit sich, besonders dann, wenn sich im Ultraschallkardiogramm (UKG) eine verminderte Beweglichkeit der Herzwand in diesem Bereich zeigt. Dann kann es innerhalb der ersten Wochen bis Monate zu oft vergleichsweise großen, zunächst muralen (wandständigen) Thromben kommen. Wenn diese sich ablösen und mit dem Blutkreislauf verschleppt werden, besteht die Gefahr eines embolischen Verschlusses größerer Arterien, ausnahmsweise auch einmal der inneren Halsschlagader am Abgang außerhalb des Kopfes. Insgesamt wird das Schlaganfallrisiko durch einen Herzinfarkt verdoppelt bis vervierfacht. Bei rund der Hälfte der Menschen, die an einer Herzkrankheit sterben, ist es zuvor auch zu embolisch bedingten Durchblutungsstörungen des Gehirns gekommen. Diese müssen nicht unbedingt Beschwerden verursacht haben.

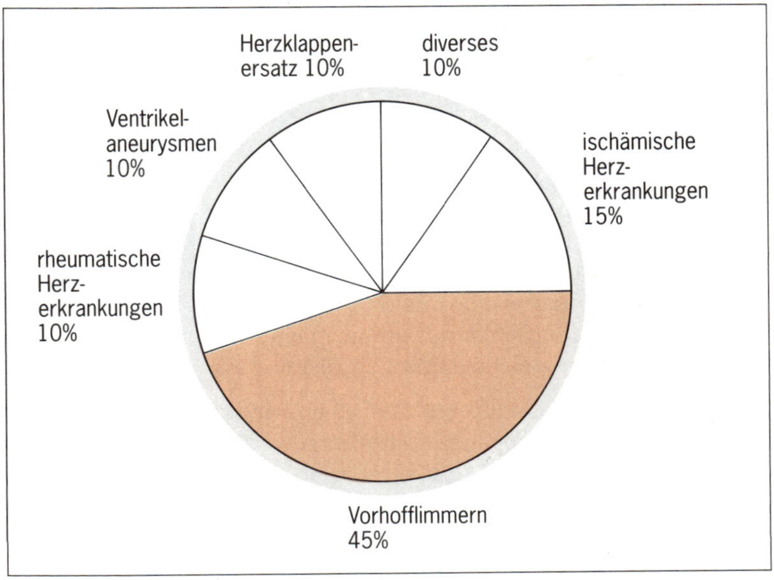

Abb. 22 Kardiale Emboliequellen

Unter den Klappenkrankheiten als Ursache zerebraler Ischämien haben bis zur Einführung der Antibiotika die *rheumatischen Herzkrankheiten* die wichtigste Rolle gespielt. Dabei sind häufiger mehrere Veränderungen gleichzeitig vorhanden, zum Beispiel eine Mitralstenose (Einengung der Klappe mit Störung des Blutflusses zwischen linkem Vorhof und linkem Ventrikel) und Vorhofflimmern. Größenordnungsmäßig ist bei einer rheumatischen Herzkrankheit mit einer Schlaganfallhäufigkeit von etwa 5% im Jahr zu rechnen. Nach der Einführung einer Behandlung von bakteriellen Entzündungen mit Antibiotika vor einigen Jahrzehnten kommen *rheumatische Herzklappenveränderungen* zunehmend seltener vor. Demgegenüber erfolgen aber vermehrt Herzoperationen mit Einsetzen künstlicher oder biologischer Herzklappen. Heute spielen als Emboliequelle *künstliche Herzklappen* und *infektiöse Endokarditiden* (durch Bakterien bedingte Entzündungen der Herzinnenwände mit besonderer Beteiligung der Herzklappen) eine wichtigere Rolle. Bei künstlichen Herzklappen wird das Schlaganfallrisiko trotz einer in aller Regel durchgeführten Antikoagulation (Blutverdünnung) in den ersten 2–3 Jahren auf 2–4% im Jahr geschätzt, danach kommt es zu einer langsamen Normalisierung. Bei betroffenen Kranken treten vergleichsweise häufig schwere Hirninfarkte ohne vorangehende TIAs auf.

Ein *Mitralklappenprolaps (MKP)* oder *Mitralklappenvorfall (MKV)* ist die insgesamt häufigste Auffälligkeit der Herzklappen, die aber meist ohne Krankheitswert ist. Es handelt sich dabei um einen Vorfall der zwischen linkem Vorhof und linker Herzkammer sitzenden und einer zweizipfligen Bischofsmütze (= Mitra) ähnelnden Mitralklappe zurück in den Vorhof während der Kontraktion der Herzmuskulatur. Diese Anomalie kommt bei 5–10% aller Menschen vor, bevorzugt bei sehr schlanken Männern und Frauen. Nur bei einem kleinen Bruchteil davon können kleine, vermutlich an der Mitralklappe entstehende Thromben Ursache von Durchblutungsstörungen des Gehirns sein. Es läßt sich berechnen, daß pro Jahr nur bei einem von 6000 Menschen mit dieser in aller Regel harmlosen Klappenveränderung mit einem Schlaganfall zu rechnen ist.

Besonders bei älteren Menschen wird auch eine mögliche ursächliche Verbindung von sogenannten *Mitralringverkalkungen* oder *verkalkten Stenosen der Aortenklappe* mit zerebralen ischämischen Insulten diskutiert. Oft haben die Betroffenen aber gleichzeitig Vorhofflimmern oder eine arteriosklerotische Makroangiopathie, so daß es im Einzelfall kaum möglich ist, die Ursache genau festzulegen.

Eine bakterielle *Endokarditis* (Entzündung der Herzinnenwände) geht ebenfalls mit einem hohen Schlaganfallrisiko einher. Ungefähr jeder dritte Betroffene muß mit neurologischen Komplikationen rechnen, fast immer mit einem Hirninfarkt. Bei rund 5% aller Endokarditis-Kranken kommt es außerdem zu sogenannten mykotischen Aneurysmen. Diese entstehen durch Embolien aus entzündlichem, bakterienhaltigem Material, die in den Arterien, in denen sie steckenbleiben, eine teilweise Zerstörung der Wand bewirken. Diese durch Entzündungen hervorgerufenen Aneurysmen führen recht häufig zu Blutungen.

Ein Myxom ist ein gutartiger Tumor (eine Geschwulst) aus weichem, schleimartigem Gewebe. Ein *Vorhofmyxom* ist ein seltener Tumor im linken Vorhof des Herzens, der sich unter Umständen erstmals mit Durchblutungsstörungen des Gehirns bemerkbar macht. Bei jedem zweiten bis dritten Menschen mit einem Vorhofmyxom kommt es durch abgelöste Myxombruchstücke oder am Myxom entstandene Thromben zu zerebralen Embolien. Vorhofmyxome können in jedem Lebensalter vorkommen.

Ein *offenes Foramen ovale* ist ein bei Neugeborenen noch regelmäßig vorkommendes Loch in der Trennwand der Herzvorhöfe, das sich bei den meisten Menschen in den ersten Lebensjahren verschließt. Bei bis zu 30% bleibt es aber zeitlebens offen. Dann können theoretisch Blutgerinnsel aus dem venösen System (zum Beispiel von einer Beinvenenthrombose) unter Umgehung des Blutkreislaufs durch die Lunge direkt in das arterielle System des restlichen Körpers gelangen und als Embolus zum Beispiel eine Hirnarterie verstopfen. Wegen des im Vergleich zur rechten Seite normalerweise höheren Drucks im linken Vorhof scheint dies aber die Ausnahme und nicht die Regel zu sein.

Auch in den Trennwänden des Herzens vorkommende *Aneurysmen* (Aussackungen) sind eine weitere mögliche Emboliequelle. In der linken Kammer treten sie meist nach einem Herzinfarkt auf, können aber auch unabhängig davon vorkommen.

Myopathien sind Muskelerkrankungen, Kardiomyopathien sind also Erkrankungen der Herzmuskulatur. Diese können unter anderem zu einer Muskelverdickung und Vergrößerung der Herzkammern führen (der sogenannten linksventrikulären Hypertrophie, die sich auch an EKG-Veränderungen ablesen läßt), was die Entstehung von Thromben begünstigt. Kardiomyopathien haben viele Ursachen, unter anderem spielen hoher Blutdruck und Alkoholmißbrauch eine Rolle.

Welche Blutkrankheiten sind mögliche Ursachen und Risikofaktoren?

Eine Reihe von Blutkrankheiten kann zu Schlaganfällen führen (Tab. 9). Betroffen können sowohl die roten und weißen Blutkörperchen als auch die Thrombozyten und andere Blutbestandteile sein, die einen Einfluß auf die Blutgerinnung oder die Fließfähigkeit des Blutes haben.

Eine Sichelzell-Anämie ist beispielsweise eine erbliche Anämieform (siehe auch S. 53), bei der die roten Blutkörperchen wegen eines krankhaft veränderten Hämoglobins zusammenfallen und sichelförmig aussehen. Eine Sichelzell-Anämie kann besonders bei betroffenen Kindern und Jugendlichen Ursache von thrombotischen Schlaganfällen sein, während bei Erwachsenen eher Hirnblutungen auftreten. Unabhängig vom Lebensalter besteht nach einem ersten Ereignis ein hohes Rezidivrisiko. Im Verlauf des Lebens kommt es bei etwa jedem 15. Menschen mit einer Sichelzell-Anämie zu einem Schlaganfall.

Tab. 9 Einige Blutkrankheiten als Schlaganfallursache

System	Krankheit/Störung
Erythrozyten	Polycythämia vera sekundäre Polyzythämie Sichelzell-Anämie andere Anämien
Leukozyten	Leukämie
Thrombozyten	Thrombozytose Thrombozytopenie
sonstige Gerinnungsstörung	Hyperfibrinogenämie Mangel einzelner Gerinnungsfaktoren AT 3-Mangel Protein-C-Mangel Protein-S-Mangel Vitamin-K-Störungen Verbrauchskoagulopathie

Eine Thrombozytose (krankhafte Vermehrung der Thrombozyten) stellt erst bei Werten über 1 Million Thrombozyten pro Kubikmillimeter Blut eine Schlaganfallgefährdung dar (Normalbereich: 150 000 – 450 000).

Auch ein gestörtes Verhältnis der festen zu den flüssigen Blutbestandteilen kann Ursache eines Schlaganfalls sein. Dieses Verhältnis wird Hämatokrit genannt. Normalerweise besteht das Blut zu rund 45 % aus Zellen; der Hämatokrit beträgt dann 45 %. Eine durch Flüssigkeitsmangel (zum Beispiel zu weniges Trinken) bedingte Eindickung mit Erhöhung des Hämatokrits führt zu einer vermehrten Viskosität (Zähflüssigkeit) des Blutes, und dies begünstigt wiederum Thrombosen.

Wie wirkt sich das Rauchen aus?

Rauchen ist ohne jeden Zweifel gesundheitsschädlich und erhöht sowohl das Risiko von Lungenkrebs (bei starken Rauchern auf das Zwanzigfache) als auch von Herz-Kreislauf-Erkrankungen einschließlich Schlaganfällen. Das Rauchen von Zigaretten ist offensichtlich am gefährlichsten, aber auch das Rauchen von Zigarren und Pfeifen ist ungesund.

Im Zigarettenrauch lassen sich etwa 4 000 verschiedene Stoffe (!) nachweisen, von denen Nikotin, Kohlenmonoxid und Teer am schädlichsten sind. Nikotin führt zur Verengung von Gefäßen, was wiederum eine Blutdruckerhöhung und arteriosklerotische Veränderungen bewirkt. Kohlenmonoxid bindet Sauerstoff, der vom Gehirn und allen anderen Organen des Körpers benötigt wird. Weil weniger Sauerstoff zur Verfügung steht, muß das Herz vermehrt arbeiten, um diesen Mangel auszugleichen. Von vielen der anderen Stoffe im Zigarettenrauch nimmt man an, daß sie nach ihrer Aufnahme ins Blut in den Gefäßen zu Verletzungen oder sonstigen Schäden der Wände führen. Außerdem konnte unter anderem nachgewiesen werden, daß Zigarettenrauch die Verklumpungsneigung von Thrombozyten (siehe S. 43) fördert.

Rauchen führt sowohl an den großen als auch kleinen Arterien zu einer Verengung und damit zu einer Drosselung der Blut- und Sauerstoffversorgung des Hirngewebes. Dieser Effekt kommt wahrscheinlich durch eine Wirkung des Nikotins am sogenannten autonomen oder unwillkürlichen Nervensystem zustande. In einer finnischen Untersuchung bei 49 Zwillingspaaren mit einem durchschnittlichen Alter von Anfang 50 war jeweils ein Zwilling Raucher und der andere Nichtraucher. Mit Ultraschalluntersuchungen konnten bei den Rauchern an den Halsschlagadern ausgeprägtere arteriosklerotische Veränderungen nachgewiesen werden als bei Nichtrauchern.

Außerdem konnte eine Vielzahl anderer schädlicher Auswirkungen des Rauchens nachgewiesen werden, zum Beispiel eine Erniedrigung des »guten« HDL-Cholesterins und des Sauerstoffangebots im Blut sowie ein erhöhtes Risiko für das Auftreten von Vorhofflimmern. Mindestens ebenso wichtig scheint bei Rauchern die Blockade von 15–20 % ihrer Erythrozyten durch »Besetzen« mit dem vermehrt entstehenden Kohlenmonoxid (= CO) zu sein. Dies führt unter anderem zu einer vermehrten Erythrozytenbildung und damit zu einer Erhöhung des sogenannten Hämatokrits. Neben den direkt schädlichen Einflüssen kann sich Rauchen auch indirekt über eine Beeinträchtigung der Wirksamkeit von Medikamenten nachteilig auswirken. In einer englischen Studie zur Behandlung von leicht erhöhtem Blutdruck mit sogenannten Beta-Blockern zeigten zum Beispiel nur Nichtraucher eine Abnahme der Schlaganfallhäufigkeit.

Insgesamt haben Raucher im Vergleich zu Nichtrauchern etwa ein zweifach höheres Risiko ischämischer Schlaganfälle, das mit der durchschnittlichen Zahl täglich gerauchter Zigaretten aber noch stärker ansteigt. Bei Frauen ist die Risikoerhöhung etwas deutlicher als bei Männern (60 % gegenüber 40 %). Dies gilt besonders für lakunäre und thromboembolische Infarkte, während kardioembolische Schlaganfälle nicht häufiger sind als bei Nichtrauchern. Bei Subarachnoidalblutungen (siehe S. 16) ist die Risikoerhöhung mit durchschnittlich einer Vervierfachung für alle Raucher und mehr als einer Verzehnfachung für starke Raucher (mehr als ein Päckchen pro Tag) übrigens noch viel deutlicher.

Wie beim erhöhten Blutdruck sind auch die schädlichen Auswirkungen des Rauchens bei jungen Menschen stärker als bei alten (Abb. 23). Während das Risiko eines Schlaganfalls bei 40jährigen Rauchern im Mittel verfünffacht und bei 55jährigen immerhin noch verdreifacht wird, ist es für das 70. Lebensjahr nur noch verdoppelt, und nach dem 80. Lebensjahr läßt sich statistisch keine nennenswerte Erhöhung des Schlaganfallrisikos mehr nachweisen.

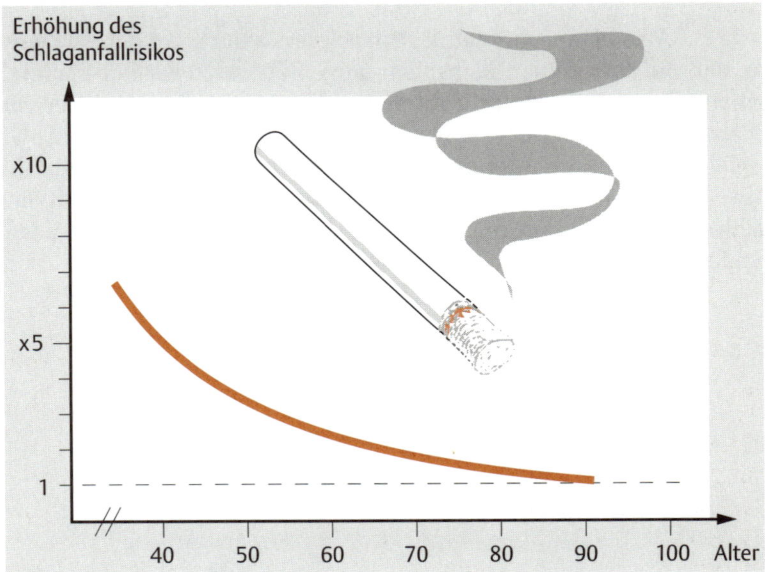

Abb. 23 Abnehmende Bedeutung des Rauchens mit zunehmendem Alter

Wie wirkt sich die Zuckerkrankheit aus?

Viele Untersuchungen haben nachweisen können, daß Menschen mit einer Zuckerkrankheit ein erhöhtes Schlaganfallrisiko haben. Normalerweise liegt der Blutzucker morgens vor dem Frühstück (»nüchtern«) unter 120 mg% (Milligramm pro hundert Milliliter Blut) und steigt auch nach dem Essen nicht über 180 mg% an. Von einer Zuckerkrankheit oder einem Diabetes mellitus spricht man bei Nüchternwerten über 120 mg% und bei Werten von über 200 mg% nach dem Essen. Eine Zuckerkrankheit findet sich gehäuft bei Menschen mit Übergewicht und hohem Blutdruck. Umgekehrt hat eine Zuckerkrankheit auch Auswirkungen auf die Konzentration der Blutfette.

Eine jahrelang bestehende Zuckerkrankheit führt neben einer Förderung der Arteriosklerose größerer Gefäße insbesondere zu einer ausgedehnten Mikroangiopathie (siehe S. 37f.). Dies kann auch zu einer Beeinträchtigung der Autoregulation der Hirndurchblutung mit druckabhängigen Schwankungen führen. Zusätzlich gefährdet eine Zuckerkrankheit durch die Beeinträchtigung der Zuckerverwertung die Ernährungssituation in den Nervenzellen. Trotz der erhöhten Blutzuckerwerte sind die Nervenzellen nicht mehr in der Lage, den Zucker in üblicher Weise als Energielieferant zu verwerten.

Wie beim erhöhten Blutdruck ist es auch bei der Zuckerkrankheit so, daß die betroffenen Menschen lange Zeit beschwerdefrei sind. Bei Menschen, die nur selten zum Arzt gehen, kommt es immer wieder vor, daß ein Diabetes erst anläßlich eines Schlaganfalls festgestellt wird. Gegenüber gleichalten Menschen ohne Zuckerkrankheit ist das Schlaganfallrisiko im Mittel auf das Zwei- bis Dreifache erhöht. Das Risiko ist um so höher, je schlechter der Zucker eingestellt ist. Durchschnittlich hat etwa jeder fünfte Schlaganfallbetroffene die Zuckerkrankheit.

Wie wirkt sich übermäßiges Alkoholtrinken aus?

Übermäßiges Trinken von Alkohol ist eines der am meisten verharmlosten sozialmedizinischen Probleme unserer Gesellschaft. Bei Alkoholikern kann es am Nervensystem zu einer Vielzahl unterschiedlicher Schädigungen kommen, unter denen das Risiko eines Schlaganfalls aber eine eher bescheidene Rolle spielt.

Alkohol begünstigt besonders dann das Auftreten eines Schlaganfalls, wenn regelmäßig größere Mengen getrunken werden. Der Grenzwert scheint dabei für Männer bei 80 Gramm Alkohol am Tag zu liegen, das sind etwa ein dreiviertel Liter Wein oder zwei Liter (vier große Flaschen) Bier. Dann steigt insbesondere das Risiko von Hirnblutungen an. Im Hinblick auf Hirninfarkte ist chronischer Alkoholismus unter anderem ein Risikofaktor für das Auftreten von Vorhofflimmern. Auch unterhalb dieser Mengen ist Alkohol aber nicht immer unbedenklich. Frauen vertragen aufgrund einer anderen Leberfunktion mit langsamerem Abbau des Alkohols deutlich weniger als Männer.

Allerdings ist es beim Alkohol im Gegensatz zum Nikotin nicht so, daß schon geringe Mengen schädlich sind und das Schlaganfallrisiko einfach mit der Menge ansteigt. Vielmehr haben geringe Alkoholmengen offenbar sogar einen günstigen Einfluß auf das Herz-Kreislauf-System. Das heißt, daß Menschen, die gewohnheitsmäßig und regelmäßig etwas Alkohol trinken, weniger Herz- und wahrscheinlich auch Hirninfarkte erleiden als Menschen, die überhaupt keinen Alkohol trinken. Eine mögliche Erklärung könnte darin bestehen, daß regelmäßig, aber in Maßen zugeführter Alkohol das schlechte LDL-Cholesterin vermindert. Hirnblutungen treten allerdings auch schon bei Menschen häufiger auf, die regelmäßig nur geringe Alkoholmengen trinken.

Wie wirkt sich die Antibabypille aus?

Die meisten Frauen vertragen die in der Fachsprache als hormonelle Kontrazeptiva bezeichneten Antibabypillen auch bei mehrjähriger Einnahme relativ gut. Bei einem kleinen Teil kommt es jedoch zu deutlicheren unerwünschten Wirkungen und Komplikationen, die unter anderem auch zu einem Schlaganfall führen können. So kann es unter regelmäßiger Einnahme der Antibabypille – wahrscheinlich durch eine hormonelle Umstellung – zum Auftreten eines erhöhten Blutdruckes kommen. Damit ist bei ein bis zwei von 100 Frauen zu rechnen. Obwohl der Anteil also gering ist, sind Blutdruckkontrollen bei allen Frauen sinnvoll.

Die übliche Antibabypille setzt sich aus den beiden weiblichen Geschlechtshormonen Östrogen und Gestagen zusammen. Während Östrogene das HDL-Cholesterin erhöhen, wirken Gestagene senkend. Auch das ist ein Grund dafür, soweit wie möglich sogenannte Minipillen mit niedrigem Östrogengehalt einzusetzen, die teilweise auch keine Gestagene enthalten.

Zu einer eindeutigen Zunahme der Häufigkeit von Schlaganfällen bei der Gesamtheit der jüngeren Frauen ist es seit Einführung der Antibabypille nicht gekommen. Hormonelle Kontrazeptiva alleine scheinen das Risiko also zumindest nicht allzu stark zu erhöhen. Es sieht aber danach aus, daß es bei Einnahme der Antibabypille nicht nur zu einem einfachen Addieren, sondern zusammen mit anderen Risikofaktoren zu einer unverhältnismäßig starken Erhöhung der Gefahr eines Schlaganfalls kommt. So fällt auf, daß die meisten betroffenen Frauen auch rauchen und älter als 35 Jahre sind oder einen erhöhten Blutdruck haben. Es wurde berechnet, daß das Schlaganfallrisiko von Frauen, die hormonelle Kontrazeptiva einnehmen und gleichzeitig rauchen, bis zu zwanzigmal höher ist als von gleichalten Frauen, die andere Verhütungsmethoden anwenden und Nichtraucherinnen sind.

In letzter Zeit wurden bei einigen jungen Frauen mit Schlaganfällen unter der Einnahme hormoneller Kontrazeptiva zusätzlich sogenannte Anti-Östrogen-Antikörper in Gefäßveränderungen nachgewiesen. Deren Rolle kann aber noch nicht abschließend beurteilt werden. Zur Frage, wann Frauen auf keinen Fall die Antibabypille einnehmen sollten, siehe auch S. 124.

Wie wirken sich erhöhte Blutfette aus?

Eine Erhöhung der Blutfette geht mit einem erhöhten Schlaganfallrisiko einher. Allerdings hängt dies davon ab, welche Blutfette erhöht sind und wie ausgeprägt die Erhöhung ist. Die Blutfette setzen sich aus den Triglyzeriden und Cholesterinen zusammen. Triglyzeride bestehen aus drei Fettsäuren und Glyzerin. Ihre Konzentration im Blut hängt stark von der Ernährung ab und kann auch kurzfristig erheblich schwanken. Während bislang galt, daß erhöhte Triglyzeride keine Rolle als Gefäßrisikofaktor spielen, haben neuere Untersuchungen doch Anhaltspunkte dafür ergeben. Bis vor kurzem wurden Triglyzeridwerte bis 200 mg% als harmlos betrachtet. Jetzt konnte aber gezeigt werden, daß der Grenzwert für Herz- und Kreislauf-Erkrankungen bei 100 mg% liegt. Offenbar machen höhere Werte das Blut unter anderem dickflüssiger, worunter auch der Transport von Sauerstoff und Nährstoffen leidet. Neben fettreichem Essen führen auch Alkohol und Süßigkeiten zu erhöhten Triglyzeriden.

Cholesterin ist eigentlich überhaupt kein richtiges Fett, sondern nur ein fettähnlicher, wachsartiger Stoff, der in Wasser unlöslich ist. Cholesterin ist lebensnotwendig und unter anderem in den Wänden vieler Körperzellen enthalten sowie für die Bildung von Hormonen (unter anderem der Geschlechtshormone) und der Gallensäuren erforderlich. Ein Teil des Cholesterins wird im Körper selbst, vor allem in der Leber, gebildet, der Rest wird mit der Nahrung aufgenommen. Besonders reich an Cholesterin sind Eidotter, Fleisch und Milchprodukte, daneben führen auch ungesättigte Fettsäuren z.B. aus tierischen Fetten zu einer Erhöhung des Cholesterins.

Weil Fett und das wäßrige Blutplasma sich nicht mischen, wird im Blutkreislauf ein Transportmittel für die Fette benötigt. Für das Cholesterin stehen dazu in erster Linie zwei Eiweißstoffe zur Verfügung, die aufgrund ihrer Zusammensetzung als Lipoproteine (Fetteiweiße; an Eiweiße gebundene Fette) hoher oder niedriger Dichte bezeichnet werden. Sie werden im Darm und in der Leber gebildet und verbinden sich im Blutkreislauf mit Cholesterin. Der Normalbereich für Cholesterin beträgt unter 200 mg/dl oder mg%, 200–239 mg% gelten als grenzwertig und Werte über 240 mg% als erhöht.

Mehrere großangelegte Untersuchungen haben bei deutlich erhöhten Cholesterinwerten ein erhöhtes Schlaganfallrisiko nachweisen können. Eine Studie zeigte ein verdoppeltes Risiko bei Werten über 240 mg% und nahezu eine Verdreifachung bei Werten über 280 mg%. Eine englische Untersuchung bei über 350 000 Männern zeigte schon bei Cholesterinwerten über 240 mg% ein auf das Zweieinhalbfache erhöhtes Risiko von innerhalb von 6 Jahren auftretenden tödlichen Schlaganfällen. Eine zusammenfassende Auswertung von 33 Untersuchungen bei fast 450 000 Menschen, die im Durchschnitt über 16 Jahre kontrolliert worden waren, zeigte zwar mit Ausnahme sehr junger Betroffener (unter 45 Jahre) keinen Zusammenhang zwischen Cholesterinwert und Schlaganfallrisiko. Dieses Ergebnis könnte aber auch mit der Anlage der meisten berücksichtigten Studien zusammenhängen, die nur tödliche Schlaganfälle berücksichtigten, und zusätzlich war bei einem Teil unklar, ob zwischen Infarkten und Blutungen unterschieden worden war.

Das LDL (englisch: low density lipoprotein = Fetteiweiß niedriger Dichte) nimmt Cholesterin im Blut auf und lagert es in verschiedenen Zellen ab. Unter krankhaften Bedingungen können dies auch die Blutgefäße sein, wo das LDL sich dann wie auf einer »wilden«, nicht genehmigten Mülldeponie verhält. Daher wird das LDL auch als schädliches oder »schlechtes« Cholesterin bezeichnet. Es spielt eine entscheidende Rolle bei der Entstehung von Einengungen der Arterien und sollte unter 130 mg% liegen.

Das HDL (englisch: high density lipoprotein = Fetteiweiß hoher Dichte) kann man in Anlehnung an den Vergleich mit der nicht erlaubten Mülldeponierung durch das LDL auch als Säuberungskommando bezeichnen. Es sammelt überflüssiges Cholesterin ein, entfernt es sogar aus den Gefäßwänden und bringt es zur Leber, wo es beseitigt wird. Daher wird HDL auch als »gutes« Cholesterin bezeichnet. Es hat sich gezeigt, daß Menschen mit hohem HDL eindeutig weniger Herz- und möglicherweise auch weniger Hirninfarkte haben. So wird das Herzinfarktrisiko bei einem Anstieg des HDL um 15 mg% um die Hälfte verringert. Generell sollte das HDL mindestens 35 mg% betragen.

Während der Zusammenhang von LDL und HDL mit dem Auftreten von Herzinfarkten schon gut belegt ist, liegen für Schlaganfälle noch keine verläßlichen Daten vor. Wie beim Herzinfarkt ist aber davon auszugehen, daß weniger die Gesamtkonzentration an Cholesterin wichtig ist als ein erhöhter LDL- bzw. erniedrigter HDL-Anteil.

Wie wirkt sich Übergewicht aus?

Übergewicht liegt vor, wenn das Körpergewicht mehr als 10% über dem Normalgewicht liegt. Das Normalgewicht läßt sich überschlägig aus der Körpergröße in Zentimetern minus 100 errechnen. Das Idealgewicht liegt weitere 10–15% darunter. Adipositas oder Fettsucht liegt vor, wenn das Körpergewicht mehr als 20–30% über dem Normalgewicht liegt.

Übergewicht ist für sich allein genommen nach dem derzeitigen Wissensstand kein direkter oder primärer Risikofaktor. Es stellt aber einen sogenannten sekundären Risikofaktor dar (siehe auch S. 28), der indirekt über Folgekrankheiten wie Hochdruck, Zuckerkrankheit oder Herzkrankheiten zu einem erhöhten Schlaganfallrisiko führt. Insgesamt bedeutet dies eine deutlich verminderte Lebenserwartung. So konnte gezeigt werden, daß eine Zunahme des Körpergewichtes nach dem 18. Lebensjahr um 20 kg oder mehr zu einer Versiebenfachung des Risikos führt, an einer koronaren Herzkrankheit zu sterben.

Das Körpergewicht allein erlaubt keine zuverlässige Einschätzung des Risikos von Komplikationen, weil dieses auch vom sogenannten Fettverteilungstyp abhängig ist. So ist bei beiden Geschlechtern eine Fettleibigkeit mit vorwiegend bauch- oder stammbetontem Fettansatz häufiger von Hochdruck und Gefäßkrankheiten begleitet als eine hüft- und oberschenkelbetonte Fettsucht (Abb. 24, S. 82). Übergewichtige Männer haben gegenüber Frauen häufiger ein stammbetontes Fettverteilungsmuster und sind daher bei gleichem Ausmaß häufiger von Komplikationen wie einem Schlaganfall betroffen.

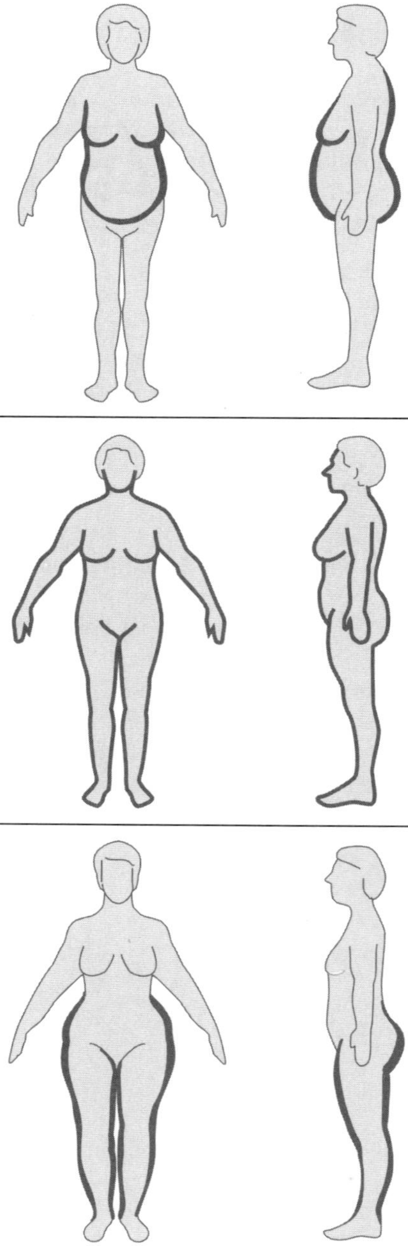

stammbetontes Fettverteilungsmuster („Apfel-Typ")

unspezifisches Fettverteilungsmuster

hüftbetontes Fettverteilungsmuster („Birnen-Typ")

Abb. 24 Fettverteilungsmuster bei Übergewicht

Was ist eine Dissektion?

Eine Dissektion (lateinisch = Zerschneidung) ist eine Aufspaltung oder teilweise Ablösung der verschiedenen Wandschichten einer Arterie. Dabei kommt es nach einem Einriß der inneren Gefäßwand zum Eindringen von Blut in die mittlere Gefäßwand und zu einem Vorwölben der Gefäßinnenwand in die Lichtung. Zusätzlich kann das Blut sich auch zur äußeren Gefäßwand durchwühlen und dort zu einer Aussackung führen. In der Regel kommt es weiter in Richtung zum Gehirn zu einem zweiten, zusätzlichen Einriß der Gefäßinnenwand. Dadurch besteht neben der normalen, »echten« Gefäßlichtung eine zweite, »falsche« (Abb. 25, S. 84). Die echte oder ursprüngliche Gefäßlichtung ist häufiger vorübergehend völlig verschlossen, was dazu führt, daß das Blut nur noch durch die falsche Lichtung fließen kann. Es kann auch zu einem völligen und auf Dauer bestehenbleibendem Verschluß der inneren Halsschlagader kommen.

Dissektionen der Halsschlagader verursachen schätzungsweise einen von hundert Schlaganfällen. Bei Betroffenen bis zum 45. Lebensjahr liegt dieser Prozentsatz sogar noch wesentlich höher. Möglicherweise gibt es einen Erkrankungsgipfel zwischen dem 35. und 50. Lebensjahr. Neben einer Häufung nach Unfällen treten Dissektionen auch spontan auf, wobei aber nicht auszuschließen ist, daß leichtere und manchmal bereits einige Tage oder sogar Wochen zurückliegende Traumen nicht mehr erinnert werden. Das kann zum Beispiel ein zunächst als harmlos eingeschätzter Zusammenprall oder auch nur eine »ungeschickte« Bewegung bei einer sportlichen Betätigung sein.

Am häufigsten ist die innere Halsschlagader zwischen dem Abgang aus der gemeinsamen Halsschlagader und dem Eintritt in die knöcherne Schädelbasis von einer Dissektion betroffen. Typische Krankheitszeichen sind neben zerebralen Ischämien halbseitige Schmerzen am Hals mit Ausstrahlung zur gleichseitigen Kopfhälfte einschließlich des Gesichtes, ein Herabhängen des Oberlides mit Verengung der Pupille auf der betroffenen Seite (= sogenanntes Horner-Syndrom), gelegentlich kommt es auch zu einem pulsierenden Ohrgeräusch.

Daneben treten Dissektionen auch in den Wirbelsäulenarterien außerhalb des Kopfes auf und gelegentlich in den Arterien innerhalb des Kopfes auf.

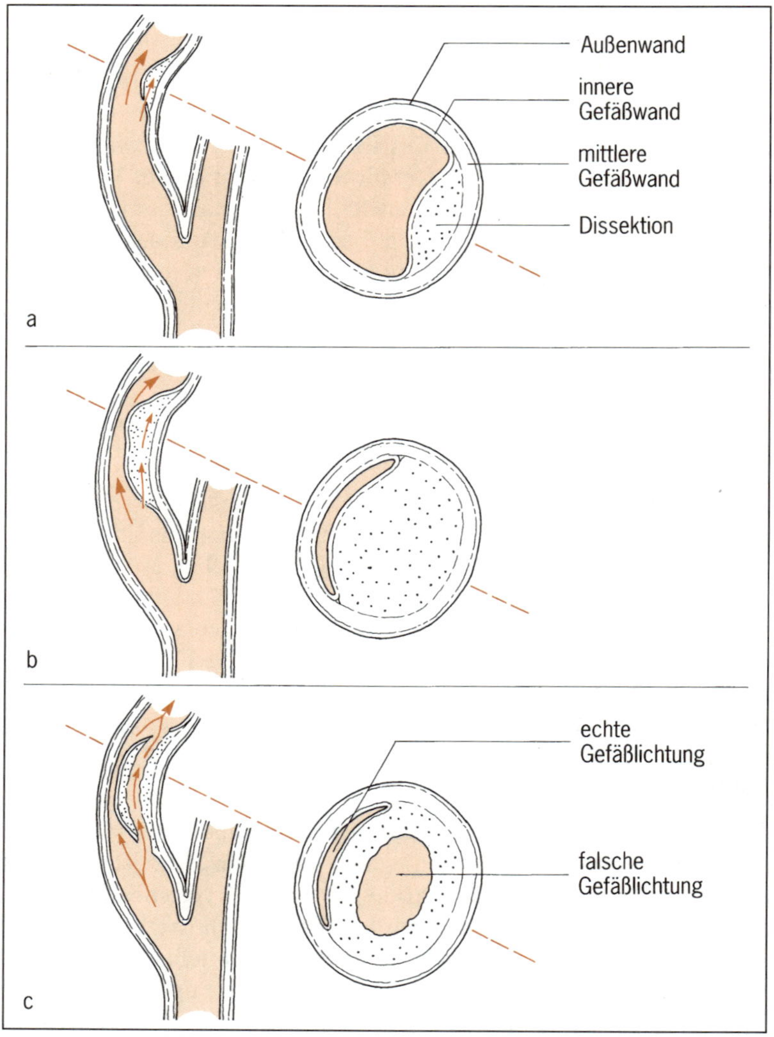

Abb. 25 Schematische Darstellung verschiedener Stadien einer Dissektion der inneren Halsschlagader im Längsschnitt und Querschnitt (vergrößert)
(a) beginnende Einblutung unter die innere Gefäßwand
(b) zunehmende Ausdehnen der Einblutung mit Einengung der Gefäßlichtung
(c) Austritt der Einblutung in Richtung zum Gehirn durch einen weiteren Defekt in der inneren Gefäßwand mit Ausbildung einer »echten« und »falschen« Gefäßlichtung

Was ist eine Arteriitis?

Eine Arteriitis ist eine Arterienentzündung. Diese kann ebenso wie an den sonstigen Arterien auch an denjenigen des Kopfes auftreten. In der Medizin steht das Wortende »...itis« immer für eine Entzündung (z.B. Gastritis für Magenschleimhautentzündung und Bronchitis für eine Entzündung der Bronchien).

Eine Arteriitis kann in vielen Formen auftreten. Am wichtigsten sind die sogenannte Riesenzellenarteriitis, die Arteriitis bei Zoster ophthalmicus (Gürtelrose im Bereich des Auges), die Syphilis und sogenannte Kollagen- oder Bindegewebskrankheiten. Eine ausschließlich die Arterien innerhalb des Kopfes betreffende Arteriitis ist eine große Seltenheit und beim Lebenden mit absoluter Sicherheit nur durch eine neurochirurgische Biopsie zu erkennen.

Die sogenannte *Riesenzellenarteriitis* betrifft vor allem Menschen jenseits des 50. Lebensjahres, Frauen etwas öfter als Männer. Andere Bezeichnungen für dieses Krankheitsbild sind Arteriitis temporalis (Entzündung der Schläfenarterie) oder – nach einem Arzt – Horton-Syndrom. Unbehandelt kann eine Riesenzellenarteriitis über eine Beteiligung der Augenarterien zur Erblindung und bei Übergreifen auf die Arterien des Gehirns zu Schlaganfällen führen. Da es sich um eine nur bevorzugt am Kopf auftretende allgemeine Arterienentzündung handelt, bestehen oft auch allgemeine Krankheitszeichen wie leichtes Fieber, Abgeschlagenheit und Gewichtsabnahme sowie unter Umständen Muskel- und Gelenksteifigkeit. Die Untersuchung zeigt meist eine schmerzhafte Verdickung und Schlängelung von Ästen der äußeren Halsschlagader, besonders an der Schläfe. Der wichtigste Zusatzbefund besteht bei zwei Drittel bis drei Viertel aller Betroffenen in einer deutlichen Beschleunigung der Blutkörperchensenkungsgeschwindigkeit (BKS oder BSG) bzw. einer Erhöhung des sogenannten C-reaktiven Proteins (CRP).

Eine *Arteriitis bei Zoster ophthalmicus* ist eine gefürchtete Komplikation einer Gürtelrose am Auge. Ursache ist ein bekanntes und medikamentös behandelbares Virus, das sich entlang des Sehnerven und der begleitenden Blutgefäße vom Auge in das Gehirn ausbreiten kann.

Eine *Arteriitis bei Syphilis* (oder Lues) ist heute zwar nur noch eine relativ seltene Ursache von Schlaganfällen, aber dennoch gerade bei jüngeren Kranken ohne Arteriosklerose und Hinweise auf eine Emboliequelle nach wie vor stets in Erwägung zu ziehen. Noch seltenere Formen einer Arteriitis kommen bei sogenannten *Kollagenosen (Bindegewebskrankheiten)* wie einer Panarteriitis nodosa oder einem systemischen Lupus erythematodes (SLE) vor.

Schließlich gibt es noch sogenannte *Autoimmunvaskulitiden*, bei denen es bei den Betroffenen aus bislang unklaren Gründen zu einer Bildung von Antikörpern gegen Gewebe der Arterien und daraus resultierenden Entzündungen kommt.

Welche anderen, seltenen Ursachen und Risikofaktoren gibt es noch?

Es gibt eine Vielzahl seltener Ursachen und Risikofaktoren von Durchblutungsstörungen des Gehirns, auf die nicht im einzelnen eingegangen werden kann. Eine Auswahl ist in Tabelle 10 zusammengestellt.

Tab. 10 Einige seltenere Schlaganfallursachen

Mechanismus	Ursache
angeboren	– Gefäßfehlbildungen – fibromuskuläre Dysplasie – erbliche Fettstoffwechselstörungen – Fabry-Krankheit
entzündlich	– Panarteriitis nodosa – systemischer Lupus erythematodes – Takayasu-Syndrom – Wegener-Arteriitis – Sneddon-Syndrom
Drogen und Medikamente	– intravenöse Injektion von Drogen – stark blutdrucksenkende Medikamente
ärztliche Behandlung	– Operationen mit starkem Blutverlust und Blutdruckabfall – Gefäßoperationen – Angiographien – Tumorbestrahlungen

Die *fibromuskuläre Dysplasie* ist eine angeborene Gefäßfehlbildung, die Frauen etwas häufiger betrifft als Männer. Es handelt sich um eine Bindegewebsschwäche der inneren und mittleren Gefäßwand von Arterien, die sowohl zu meist zahlreichen, »gänsegurgelartig« aneinandergereihten Gefäßeinengungen führen kann als auch das Entstehen von Dissektionen (siehe S. 83) begünstigt.

Das sogenannte *Sneddon-Syndrom* kommt besonders bei jüngeren Frauen vor und ist durch wiederholte, meist leichtere Schlaganfälle und netz- oder fleckförmige bläuliche Hautverfärbungen an Armen und Beinen gekennzeichnet. Obwohl die meisten technischen Untersuchungen einschließlich Angiographie meist unergiebig sind, handelt es sich wahrscheinlich um eine Arteriitis, die wie eine fibromuskuläre Dysplasie auch vererbt werden kann.

Bei der in Japan häufiger als bei uns vorkommenden sogenannten *Moyamoya-Krankheit* kommt es schon in den ersten Lebensjahrzehnten zu beidseitigen hochgradigen Stenosen oder Verschlüssen der inneren Halsschlagadern in ihrem Endabschnitt innerhalb des Kopfes mit Ausbildung eines Umgehungskreislaufs über ein netzartiges System kleiner Adern an der Unterseite des Gehirns oder Hirnbasis. Moyamoya heißt auf japanisch Nebel und bezieht sich auf das Bild des Gefäßnetzes bei einer Angiographie (Gefäßdarstellung).

Nach wie vor ist der *Mißbrauch intravenöser Drogen* in vielen westlichen Ländern ein großes Problem und besonders bei Jugendlichen und jüngeren Erwachsenen teilweise erschreckend weit verbreitet. Bei vielen Substanzen besteht ein hohes Risiko sowohl ischämischer Störungen als auch von Hirnblutungen. Kokain und Amphetamine (»Speed«) verursachen u.a. ein starkes Zusammenziehen der Gefäßmuskulatur (Vasokonstriktion), was zu einer drastischen Blutdrucksteigerung führt. Oft spielen auch Verunreinigungen in den »gestreckten« bzw. verdünnten Drogen eine Rolle.

Unter den *iatrogenen (durch ärztliche Maßnahmen bedingten) Durchblutungsstörungen des Gehirns* spielen neben Operationen mit extrem starken Blutverlust und Blutdruckabfall Gefäßoperationen und Angiographien eine besonders wichtige Rolle. Dies ist deswegen besonders bedauerlich, weil diese Maßnahmen eigentlich dazu dienen sollen, Schlaganfälle zu verhindern. Eine Strahlentherapie am Kopf oder Hals (zum Beispiel wegen eines Kehlkopfkrebses) kann über eine strahlenbedingte Zerstörung von Kapillaren und kleinen Arterien zu Schlaganfällen führen. An der Halsschlagader kann das Erscheinungsbild eine Makroangiopathie vortäuschen. Die Zeit zwischen Bestrahlung und Auftreten von Durchblutungsstörungen des Gehirns liegt meist bei ein bis zwei Jahren.

Es gibt Hinweise, daß das sogenannte *Schlaf-Apnoe-Syndrom* (Schnarchen mit zeitweisem Atemstillstand) mit einer erhöhten Schlaganfallgefährdung einhergeht. Dabei handelt es sich um eine bevorzugt Männer im Alter zwischen 30 und 65 Jahren betreffende Störung mit aussetzender Atmung im Schlaf, die bei Schnarchern gehäuft ist.

Mehrfach wurde eine Häufung von Schlaganfällen bei *übermäßigem Streß – sogenanntem Distreß* – und anderen seelischen Belastungen beschrieben. Beispiele sind schwere Erkrankungen oder Todesfälle von Angehörigen oder auch familiäre Probleme und Auseinandersetzungen. Inwieweit es bei solchen Belastungen aber nicht auch zu einem Blutdruckanstieg und anderen körperlichen Veränderungen kommt, ist unklar.

In mehreren Studien wurde ein Zusammenhang der Schlaganfallhäufigkeit mit den *Lebensverhältnissen* beschrieben. Dabei waren schlechter ausgebildete Menschen aus niedrigeren sozialen Schichten mit geringerem Einkommen häufiger von Schlaganfällen betroffen als Menschen mit guter Ausbildung und höherem Einkommen. Diese Studien weisen jedoch methodische Mängel auf und sind insgesamt nicht ganz eindeutig. Unter anderem scheint ein indirekter Zusammenhang über eine schlechtere medizinische Betreuung denkbar.

Es gibt Hinweise, daß *Umweltbelastungen* durch verschiedene Gifte indirekt das Schlaganfallrisiko erhöhen können. Zum Beispiel hat sich gezeigt, daß schon ein geringer Bleigehalt im Blut einen hohen Blutdruck begünstigt. Auch andere Umweltbelastungen wie etwa eine erhöhte Lärmbelastung gehen (wahrscheinlich über eine Blutdruckerhöhung) mit einer vermehrten Schlaganfallgefährdung einher.

Auch *Medikamente* können einen Schlaganfall auslösen. Dies gilt neben der bereits erwähnten Antibabypille (siehe S. 78) auch für blutdrucksenkende Mittel, was unter anderem eine Nebenwirkung vieler Schlaf- und Beruhigungsmittel ist.

Was ist eine TIA, und was bedeutet es, wenn sie auftritt?

TIA ist die Abkürzung für transiente oder transitorische (vorübergehende) ischämische Attacke, eine aus dem Englischen stammende Benennung kurzdauernder und sich völlig zurückbildender Durchblutungsstörungen des Gehirns. Vereinbarungsgemäß wird als TIA nur eine Störung bezeichnet, die höchstens 24 Stunden anhält. Dabei kann es sich um flüchtige Schwächegefühle oder Gefühlsstörungen in Armen, Beinen oder im Gesicht handeln, andere Möglichkeiten bestehen zum Beispiel in Sprach- oder Sehstörungen. Die Verteilung der Beschwerden in einer englischen Untersuchung von fast 200 TIA-Patienten zeigt Tabelle 11. Dabei hatten viele der Betroffenen gleichzeitig mehrere Beschwerden (z.B. gleichzeitig eine Schwäche und eine Gefühlsstörung) und keiner hatte nur eine undeutliche Sprache, Gleichgewichtsstörung, Schwindel, Doppelbilder oder Schluckstörungen gehabt.

Tab. 11 Beschwerden bei einer TIA (nach Dennis)

Beschwerde	Häufigkeit
einseitige Schwäche, Schweregefühl oder Ungeschicklichkeit	50 %
einseitige Gefühlsstörung	35 %
undeutliche Sprache	23 %
Schwierigkeiten, richtig zu sprechen	18 %
Gleichgewichtsstörung	12 %
Schwindel	5 %
halbseitiger Gesichtsfeldausfall	5 %
Doppelbilder	5 %
beidseitige Schwäche in Armen und Beinen	4 %
Schluckstörung	1 %
Schwäche auf einer Körperseite und Gefühlsstörung auf der anderen	1 %

Die häufigsten Beschwerden bestehen in einer einseitigen Schwäche, die sich auch in einem Schweregefühl oder einer Ungeschicklichkeit äußern kann. Meistens wird das Schwächegefühl in den betroffenen Körperabschnitten von einer Gefühlsstörung begleitet, es kann aber auch zu einem alleinigen Schwächegefühl kommen. Viele Betroffenen benutzen aber auch dann Ausdrücke wie »taub« oder »abgestorben«. Eine einseitige Schwäche der Gesichtsmuskulatur fällt wahrscheinlich seltener auf als eine Schwäche im Arm oder Bein. Die Gefühlsstörungen werden meist in der Art einer örtlichen Betäubung nach einer Spritze beim Zahnarzt bzw. als »Ameisenlaufen« angegeben. Gelegentlich wird auch über eine gestörte Temperaturwahrnehmung und sehr selten über eine gestörte Schmerzwahrnehmung geklagt. Gefühlsstörungen treten meist gemeinsam mit Schwächegefühlen auf, es kann aber auch zu alleinigen Gefühlsstörungen kommen.

Die Zeitbegrenzung von einem Tag für eine TIA ist völlig willkürlich. Es besteht kein prinzipieller Unterschied zwischen einer 23 und einer 25 Stunden dauernden Störung. 90% aller TIAs dauern weniger als sechs Stunden, und mehr als die Hälfte dauert weniger als zehn Minuten (Abb. 26). Manche Betroffene haben nur eine einzelne Attacke, während bei an-

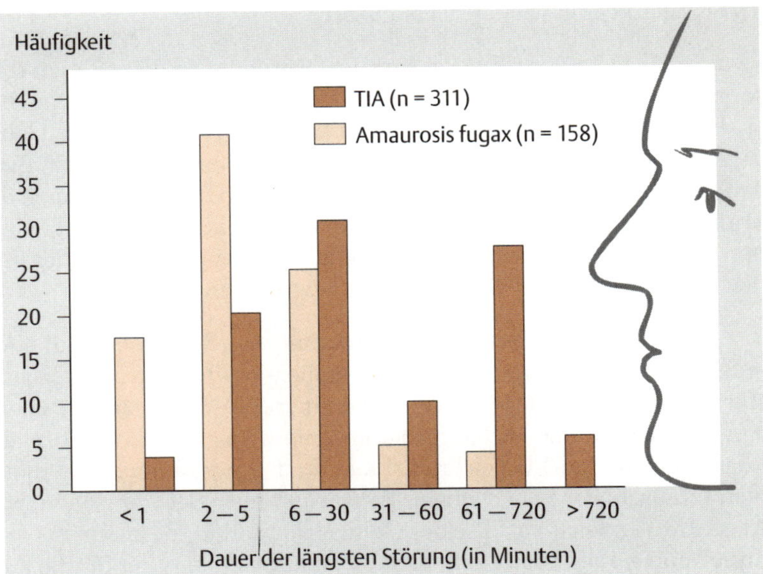

Abb. 26 Dauer einer TIA bzw. Amaurosis fugax

deren kurz hintereinander eine ganze Serie auftritt. Dann verschwinden die Störungen fast genau so schnell wie sie gekommen sind. Es bleiben keinerlei Reste der Beschwerden zurück, und die Betroffenen fühlen sich wieder kerngesund. Da TIAs auch nicht schmerzhaft sind, werden sie leider oft rasch wieder vergessen oder ein Arzttermin als nicht dringend erachtet.

Häufiger wird vergessen, daß TIA nur eine auf Beschwerden bezogene Bezeichnung ist und lediglich besagt, daß diese eben höchstens einen Tag anhalten. Es ist völlig unerheblich, ob danach zum Beispiel bei der körperlichen Untersuchung noch eine Reflexbetonung besteht oder ob sich im Computertomogramm (CT) beziehungsweise Magnetresonanztomogramm (MRT) Zeichen eines abgelaufenen Infarktes finden lassen; auch dann bleibt es bei der Einordnung als TIA. Immerhin zeigen sich im CT bei jedem vierten bis fünften Betroffenen und im MRT noch häufiger Hinweise, daß die im Erleben und Fühlen der Betroffenen nur vorübergehende Störung dauerhafte Folgen im Gehirn hinterlassen hat. Ob bei einer TIA eine Gewebeschädigung auftritt oder nicht, hängt zum Beispiel von der Dauer des Bestehenbleibens eines embolischen Gefäßverschlusses und dem Ausmaß der Blutversorgung durch Umgehungskreisläufe ab. Bei TIAs wird die Blutzufuhr durch eine sehr rasche Auflösung des embolischen Thrombus (= Thrombolyse) oder durch Einspringen von Kollateralen (Umgehungskreisläufen) rasch wieder normalisiert.

Eine TIA darf nie verharmlost werden. Die Betroffenen sollten sich sorgfältig neurologisch und wegen des Herzinfarktrisikos auch internistisch-kardiologisch untersuchen lassen. Eine TIA ist für das Gehirn weitgehend dasselbe wie ein Angina pectoris- (wörtlich übersetzt Brustenge-) Anfall bei einer koronaren Herzkrankheit (KHK, Erkrankung der Herzkranzgefäße) für das Herz. Hätten die Betroffenen bei einer TIA wie bei einer Angina pectoris Schmerzen und damit häufiger auch Todesangst, würden TIAs wahrscheinlich genauso ernst genommen.

Eine vorübergehende Erblindung oder Sehstörung auf einem Auge aufgrund arteriosklerotisch oder embolisch bedingter Durchblutungsstörungen entspricht gewissermaßen einer TIA der Netzhaut oder des Auges. Sie wird in der Fachsprache als Amaurosis fugax (wörtlich übersetzt: flüchtige Blindheit) bezeichnet. Es kommt innerhalb von Sekunden zu einem Grauschleier oder völligen Sehverlust mit »Schwarzsehen« vor einem Auge. Im Vergleich zu TIAs des Gehirns kommt eine Amaurosis größenordnungsmäßig etwa 10mal seltener vor. In ihrer Bedeutung für die Zukunft ist eine Amaurosis mit einer TIA des Gehirns gleichzusetzen. Eine Amaurosis fugax zeigt wie diese eine stark erhöhte Gefährdung an, einen Schlaganfall oder Herzinfarkt zu erleiden. Wie bei TIAs am Gehirn ist die Beschwerdedauer auf höchstens einen Tag begrenzt. Längerdauernde Sehstörungen aufgrund einer derartigen Durchblutungsstörung entsprechen einem Infarkt der Netzhaut oder Retina-Infarkt.

Die Bedeutung der Erkennung von TIAs liegt darin, daß bei den betroffenen Menschen im weiteren Verlauf das Schlaganfallrisiko im Durchschnitt um etwa das Sechsfache erhöht ist. Rund jeder dritte bis vierte muß in den folgenden vier bis fünf Jahren mit einem Schlaganfall rechnen, wobei das Risiko in der ersten Zeit nach einer TIA besonders hoch ist. Rund ein Fünftel aller Schlaganfälle nach einer TIA tritt innerhalb eines Monats auf, etwa die Hälfte innerhalb eines Jahres. Auch die Lebenserwartung ist nach einer TIA im statistischen Durchschnitt deutlich vermindert. Jeder fünfte TIA-Betroffene stirbt irgendwann an einem Schlaganfall, fast doppelt so viele allerdings an einer Erkrankung des Herzens, in erster Linie an einem Herzinfarkt.

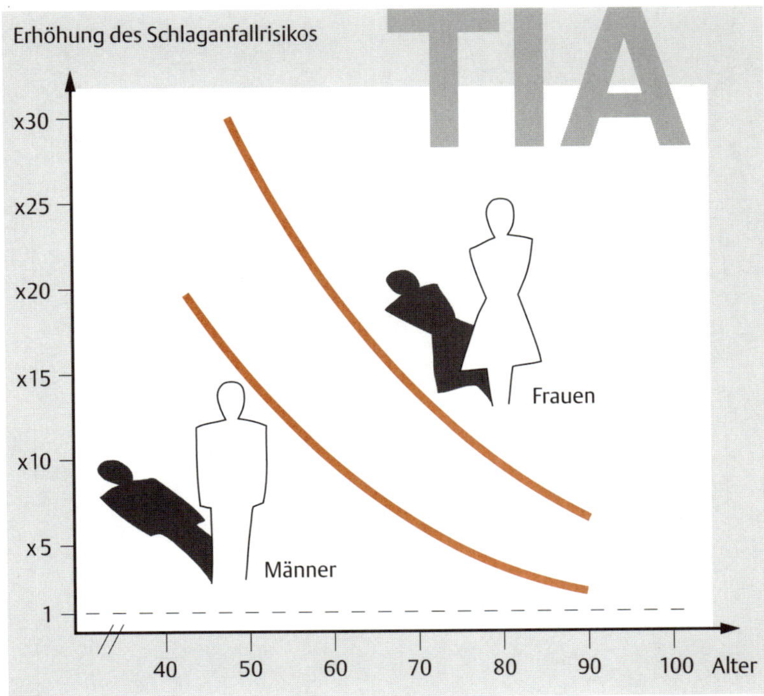

Abb. 27 Abnehmende Bedeutung von TIAs mit zunehmendem Alter

Wie schon bei anderen Schlaganfallrisikofaktoren wie etwa einem hohen Blutdruck oder dem Rauchen dargestellt, spielt auch bei TIAs das Lebensalter eine ganz entscheidende Rolle, und zusätzlich hat sich gezeigt, daß die Risikoerhöhung bei Frauen etwa doppelt so hoch ist wie bei Männern (Abb. 27, S. 93). Während das Schlaganfallrisiko bei einer 50jährigen Frau nach einer TIA im Mittel auf das 30fache erhöht ist, liegt der Wert bei einem gleichalten Mann »nur« beim 15fachen. Mit zunehmendem Lebensalter nimmt die Bedeutung von TIAs zwar für beide Geschlechter ab, aber selbst bei 90jährigen Frauen gilt noch eine Verfünffachung des Schlaganfallrisikos.

Was ist ein RIND oder PRIND, und was bedeutet es, wenn es auftritt?

RIND ist eine weitere aus dem Englischen stammende Abkürzung für ein reversibles (sich zurückbildendes) ischämisches neurologisches Defizit. Ein im Deutschen oft noch ergänzend vorangestelltes P (PRIND) wird nicht einheitlich gebraucht. Bei manchen Ärzten steht es für prolongiert = verlangsamt, verzögert verlaufend) und bei anderen für partiell (= teilweise). Während prolongiert reversibel bedeutet, daß sich die Ausfälle – wenn auch verzögert – vollständig zurückbilden, ist dies bei einer nur teilweisen Rückbildung definitionsgemäß nicht der Fall. Diese etwas uneinheitliche Verwendung ist aber letztlich nicht von Bedeutung. Wichtig ist vielmehr, daß Menschen mit einem RIND oder PRIND nach beiden Definitionen keine nennenswerten Folgen zurückbehalten.

Vereinfachend können diese Formen zerebraler Durchblutungsstörungen als verlängerte TIAs bezeichnet werden, die sich ebenfalls – zumindest weitgehend – folgenlos zurückbilden, dazu aber etwas mehr Zeit benötigen. Die obere Zeitgrenze dafür wird meist bei 7 Tagen bzw. einer Woche gezogen, manche Ärzte sprechen aber auch bei einer Rückbildung nach ein bis zwei Monaten noch von einem RIND oder PRIND. Die bei einem PRIND im Vergleich zu einer TIA länger anhaltenden neurologischen Ausfälle zeigen an, daß die Hirndurchblutung über längere Zeit nicht mehr ausreichend war. Bei einer MRT-Untersuchung läßt sich meist abgestorbenes Hirngewebe nachweisen.

Das Risiko eines nachfolgenden »richtigen« Schlaganfalls ist nach einem RIND oder PRIND ungefähr gleich stark erhöht wie nach einer TIA. Die Bedeutung ist also dieselbe und besteht darin, daß eine weitere neurologische und internistisch-kardiologische Abklärung sowie gegebenenfalls auch Behandlung erforderlich ist.

Was ist ein »leichter« Schlaganfall, und was bedeutet es, wenn er auftritt?

Ein »leichter« Schlaganfall führt zu keinen schweren Ausfällen oder hinterläßt keine schweren Folgen. Er sollte daher ebenso bewertet werden wie eine TIA oder ein PRIND oder RIND. In einer auch heute noch weitverbreiteten Einteilung von Hirninfarkten (Tab. 12) werden leider alle Schlaganfälle ohne weitgehende Rückbildung mehr oder weniger in einen Topf geworfen und zudem unglücklicherweise auch noch als vollendete oder »komplette« Schlaganfälle bezeichnet. Diese Benennung ist aber mehr als irreführend, weil sie fälschlicherweise unterstellt, nach einem solchen Ereignis sei es zu spät, Vorsorgemaßnahmen zu ergreifen.

Tab. 12 Stadieneinteilung der ischämischen Durchblutungsstörungen des Gehirns allein nach zeitlichen Gesichtspunkten

Stadium	Benennung
1	asymptomatische Stenose, keine Beschwerden, Zufallsbefund einer Stenose oder eines Verschlusses
2	TIA
3a	(P)RIND
3b	progredienter, an Beschwerden zunehmender Hirninfarkt
4a	kompletter Hirninfarkt mit weitgehender Rückbildung
4b	kompletter Hirninfarkt ohne nennenswerte Rückbildung

Wie bei einer TIA, einem PRIND sowie den Durchblutungsstörungen des Auges, die in den letzten Abschnitten besprochen wurden, ist auch ein leichter »kompletter« Schlaganfall des Gehirns nicht nur ein Warnzeichen für einen drohenden, schwereren Schlaganfall, sondern hat sogar eine noch größere Bedeutung als Warnzeichen für einen drohenden Herzinfarkt.

Wie hoch ist das Schlaganfallrisiko in Abhängigkeit von Risikofaktoren und bereits aufgetretenen Durchblutungsstörungen des Gehirns oder des Auges?

Die durchschnittliche Risikoerhöhung für einen Schlaganfall bei den besprochenen Risikofaktoren ist ebenso wie diejenige nach bereits eingetreten Durchblutungsstörungen des Gehirns oder des Auges (siehe auch Amaurosis fugax, S. 91f.) in Tab. 13 zusammengefaßt.

Tab. 13 Schlaganfallrisiko bei verschiedenen Risikofaktoren und Formen von Durchblutungsstörungen des Gehirns

Risikofaktor bzw. Form der Durchblutungsstörung	durchschnittliches Schlaganfallrisiko
Risikofaktoren	
Hypertonus	verdoppelt bis verdreifacht
Diabetes mellitus	verdoppelt bis verdreifacht
Nikotinabusus	verdoppelt
koronare Herzkrankheit	verdoppelt
asymptomatische Stenose	
– unter 50 % Einengung	etwa 0,5 % im Jahr
– 51 – 70 % Einengung	etwa 1 % im Jahr
– über 70 % Einengung	etwa 2,5 % im Jahr
künstliche Herzklappe (trotz Antikoagulation)	2 – 4% im Jahr
rheumatische Herzkrankheit	4 – 6% im Jahr
Vorhofflimmern	15 % im ersten Jahr 5 % danach
nach abgelaufenen Durchblutungsstörungen des Gehirns	
symptomatische Stenose	6fach erhöht
– TIA/PRIND oder leichter Schlaganfall	5 % im ersten Monat 5 – 10 % im ersten Halbjahr 10 – 15 % im ersten Jahr 5 – 6% pro Jahr danach
symptomatischer Verschluß	7 % im Jahr 6 % auf Verschlußseite

Über den sogenannten Spontanverlauf bei Menschen, bei denen eine Durchblutungsstörung des Gehirns aufgetreten ist, ist nicht allzu viel bekannt. Dies kommt daher, daß diese Menschen natürlich zu jeder Zeit mit den bestmöglichen zur Verfügung stehenden Medikamenten behandelt wurden. Auch wenn man heute weiß, daß ein Großteil der früher eingesetzten Medikamente wirkungslos oder sogar schädlich war, ist es in aller Regel nicht möglich, daraus im nachhinein verläßliche Rückschlüsse auf den Spontanverlauf zu ziehen.

Was sind keine Ursachen und Risikofaktoren?

Normaler Streß:

Streß ist in unserer Gesellschaft zu einem arg »gestreßten« Modewort geworden, das als vermeintliche Erklärung und Ausrede für so manches herhalten muß. Entgegen vielfältiger Befürchtungen ist normaler Streß, der von Fachleuten auch als sogenannter Eustreß bezeichnet wird, nicht nur kein Risikofaktor für den Schlaganfall und andere Herz-Kreislauf-Erkrankungen, sondern sogar gesundheitsförderlich. Auch bei anderen vermeintlichen Streßkrankheiten wie etwa dem Magengeschwür hat sich in den letzten Jahren herausgestellt, daß es sich um eine ganz normale Infektionskrankheit mit einem früher unbekannten Bakterium handelt.

Körperliche Betätigung:

In aller Regel ist eine *normale körperliche Belastung* kein Risikofaktor für das Auftreten eines Schlaganfalls. Im Gegensatz zu Durchblutungsstörungen im vorderen Kreislauf ist im hinteren Kreislauf (der Wirbelsäulenarterie) allerdings häufiger eine Abhängigkeit des Auftretens von Krankheitszeichen von plötzlichen Änderungen der Kopf- und Körperstellung zu beobachten. Betroffene leiden häufiger zusätzlich unter Hypotonie (niedrigem Blutdruck). Zusätzlich kann der Kanal in den Fortsätzen der Wirbelsäule, durch den die Arterien verlaufen, durch Knochenfortsätze und andere Abnutzungserscheinungen eingeengt werden. Bestimmte Bewegungen wie das Legen des Kopfes ins Genick für längere Zeit – zum Beispiel beim Aufhängen von Gardinen – können das Zusammendrücken der Adern dann nochmals verstärken.

Sexuelle Aktivität:

Viele Menschen glauben, sexuelle Aktivität könne besonders im höheren Alter einen Schlaganfall auslösen. Dies ist aber nur ein weitverbreitetes Märchen. Selbst bei hochgradigen Einengungen der Halsschlagadern ist keine besondere Gefährdung durch sexuelle Aktivität bekannt. Vereinzelt beobachtete Häufungen von Subarachnoidalblutungen (siehe S. 16) beim Geschlechtsverkehr sind zwar möglicherweise auf anstrengungsbedingte Blutdruckspitzen zu beziehen, dennoch ergeben sich aus dieser Beobachtung keine weiteren Konsequenzen. Betroffen sind nämlich fast ausnahmslos jüngere und bislang gesunde Menschen, deren Aneurysma sich bisher nie bemerkbar gemacht hat. Ohne Kenntnis eines entsprechenden Risikos sind aber auch keine Vorsichtsmaßnahmen möglich, um ein Platzen des Aneurysmas zu verhüten.

Wie läßt sich ein persönliches Risikoprofil erstellen?

Auf der Grundlage der beschriebenen Ursachen und Risikofaktoren sowie ihres jeweiligen Stellenwerts läßt sich für jeden Menschen darstellen, wo für ihn besonders hohe Risiken bestehen, wo er im Rahmen des Üblichen liegt und wo er vielleicht sogar ein unterdurchschnittliches Risiko hat. Eine solche zusammenfassende Bewertung von Risiken wird auch als Risikoprofil bezeichnet.

In Tabelle 14, die auf in den USA durchgeführten Untersuchungen beruht, kann jeder Leser die für ihn zutreffenden Punktwerte ablesen und mit den am Ende angegebenen Durchschnittswerten vergleichen. Ohne zusätzliche Risikofaktoren beträgt die Schlaganfallwahrscheinlichkeit innerhalb der nächsten 10 Jahre für eine 70jährige Frau beispielsweise nur 2–3%, im Bevölkerungsdurchschnitt immerhin schon etwa 10%. Hat eine 70jährige trotz medikamentöser Behandlung allerdings einen systolischen Bluthochdruck von 180 mmHg, eine Zuckerkrankheit und Vorhofflimmern (eine durchaus häufige Situation), so beträgt ihr Risiko stolze 57%.

Tab. 14 Abschätzung des individuellen Schlaganfallrisikos

I. ÜBERPRÜFUNG DER RISIKOFAKTOREN

1. **Alter**

Alter	Punkte	Alter	Punkte
bis 57	0	72–74	6
57–59	1	75–77	7
60–62	2	78–80	8
63–65	3	81–83	9
66–68	4	84–86	10
69–71	5		

2. **Systolischer Blutdruck**

Männer		**Frauen**			
zzgl. 2 Punkte, sofern Blutdruckbehandlung		ohne Blutdruckbehandlung		mit Blutdruckbehandlung	
RR	Punkte	RR	Punkte	RR	Punkte
95–105	0	95–104	0	95–104	6
106–116	1	105–114	1	105–114	6
117–126	2	115–124	2	115–124	7
127–137	3	125–134	3	125–134	7

Tab. 14 (Fortsetzung)

138 – 148	4	135 – 144	4	135 – 144	7
149 – 159	5	145 – 154	5	145 – 154	8
160 – 170	6	155 – 164	6	155 – 164	8
171 – 181	7	165 – 174	7	165 – 174	8
182 – 191	8	175 – 184	8	175 – 184	9
192 – 202	9	185 – 194	9	185 – 194	9
203 – 213	10	195 – 204	10	195 – 204	10

3. **Diabetes mellitus**
   Nein: 0 Punkte Ja: 2 Punkte (Männer), 3 Punkte (Frauen)
4. **Raucher**
   Nein: 0 Punkte Ja: 3 Punkte
5. **Ischämische Herzerkrankung (Infarkt, koronare Herzerkrankung, Angina pectoris, Herzinsuffizienz) oder arterielle Verschlußkrankheit (Claudicatio intermittens)**
   Nein: 0 Punkte Ja: 3 Punkte (Männer), 2 Punkte (Frauen)
6. **Vorhofflimmern**
   Nein: 0 Punkte Ja: 4 Punkte (Männer), 6 Punkte (Frauen)
7. **Herzvergrößerung** (z.B. Zeichen der Linksherzvergrößerung im EKG)
   Nein: 0 Punkte Ja: 6 Punkte (Männer), 4 Punkte (Frauen)

II. ZUSAMMENZÄHLEN DER PUNKTE

Alter	Herzerkrankung oder ....
Blutdruck	arterielle Verschlußkrankheit ....
Diabetes mellitus	Vorhofflimmern ....
Raucher	Herzvergrößerung ....

Gesamtpunkte = ...

III. ABLESEN DES SCHLAGANFALLRISIKOS FÜR DIE NÄCHSTEN 10 JAHRE

Männer		**Frauen**	
Punkte	Risiko	Punkte	Risiko
1	2,6 %	1	1,1 %
2	3,0 %	2	1,3 %
3	3,5 %	3	1,6 %
4	4,0 %	4	2,0 %

Tab. 14 (Fortsetzung)

5	4,7 %	5	2,4 %
6	5,4 %	6	2,9 %
7	6,3 %	7	3,5 %
8	7,3 %	8	4,3 %
9	8,4 %	9	5,2 %
10	9,7 %	10	6,3 %
11	11,2 %	11	7,6 %
12	12,9 %	12	9,2 %
13	14,8 %	13	11,1 %
14	17,0 %	14	13,3 %
15	19,5 %	15	16,0 %
16	22,4 %	16	19,1 %
17	25,5 %	17	22,8 %
18	29,0 %	18	27,0 %
19	32,9 %	19	31,9 %
20	37,1 %	20	37,3 %
21	41,7 %	21	43,4 %
22	46,6 %	22	50,0 %
23	51,8 %	23	57,0 %
24	57,3 %	24	64,2 %
25	62,8 %	25	71,4 %
26	68,4 %	26	78,2 %
27	73,8 %	27	84,4 %
28	79,0 %		
29	83,7 %		
30	87,9 %		

IV. VERGLEICH MIT DEM DURCHSCHNITTLICHEN RISIKO DER JEWEILIGEN ALTERSKLASSE

Männer		**Frauen**	
Alter	Risiko	Alter	Risiko
55–59	5,9 %	55–59	3,0 %
60–64	7,8 %	60–64	4,7 %
65–69	11,1 %	65–69	7,2 %
70–74	13,7 %	70–74	10,9 %
75–79	18,0 %	75–79	15,5 %
80–84	22,3 %	80–84	23,9 %

Daß eine solche Risikoabschätzung auch für die Allgemeinheit und nicht nur für die Betroffenen selbst von Interesse sein kann, läßt sich aus Tabelle 15, S. 104 ablesen. Diese wurde im August 1996 in dem amerikanischen Nachrichtenmagazin Newsweek im Vorfeld des Wahlkampfs zwischen Bill Clinton und seinem Herausforderer Bob Dole veröffentlicht. Darin kann nicht nur der Gesundheitszustand der beiden Präsidentschaftsbewerber abgelesen werden, sondern es finden sich unter anderem auch Vorhersagen für das Risiko eines innerhalb von 10 Jahren auftretenden Schlaganfalls. Sicherlich wäre ein solcher Vergleich in Deutschland für Helmut Kohl und den nächsten SPD-Kandidaten nicht weniger interessant.

Tab. 15 Daten zum Gesundheitszustand des amerikanischen Präsidenten Bill Clinton und des republikanischen Bewerbers Bob Dole (1996)

	Bill Clinton	Bob Dole
Alter		
chronologisch (nach Geburtsdatum)	50 Jahre	73 Jahre
physiologisch (Gesundheitszustand)	47 Jahre	61 Jahre
Größe	188 cm	183 cm
Gewicht tatsächlich	98 kg	81 kg
anzustreben	67 – 88 kg	64 – 83 kg
Körpermasse (Gewicht in bezug zur Größe) (anzustreben: 19 – 25)	28	24
Blutdruck (anzustreben: unter 140/90)	126/70 mm Hg	110/74
Cholesterin (anzustreben: unter 200)	191 mg/dl	154 mg/dl
HDL-Cholesterin (anzustreben: über 35)	36 mg/dl	40 mg/dl
Erkrankungsrisiko für die nächsten 10 Jahre		
– Schlaganfall	3 %	9 %
(Normalwerte für jeweiliges Alter)	(unter 6 %)	(14 %)
– Herzerkrankung	9 %	13 %
(Normalwerte für jeweiliges Alter)	(14 %)	(24 %)
Lebenserwartung	30 Jahre	19 Jahre
(Normalwerte für jeweiliges Alter)	(27 Jahre)	(11 Jahre)

Vorbeugemaßnahmen

Welche Möglichkeiten zur Vorbeugung eines Schlaganfalls gibt es?

Die wichtigsten Möglichkeiten zur Vorbeugung eines Schlaganfalls bestehen in der Erkennung und – soweit möglich – Beeinflussung von Risikofaktoren sowie der Behandlung von leichteren Durchblutungsstörungen des Gehirns und des Auges, von denen bekannt ist, daß sie häufiger einem Schlaganfall vorausgehen. Die verschiedenen Möglichkeiten einer in der Fachsprache als Prävention oder Prophylaxe bezeichneten Vorbeugung sind schematisch in Abb. 28 dargestellt. Dabei muß man immer bedenken, daß eine Prävention eines Schlaganfalls nicht mit einer dauerhaften Verhinderung des Auftretens gleichgesetzt werden kann. Prävention bedeutet Risikominderung oder Verschiebung des Auftretens auf einen späteren Zeitpunkt.

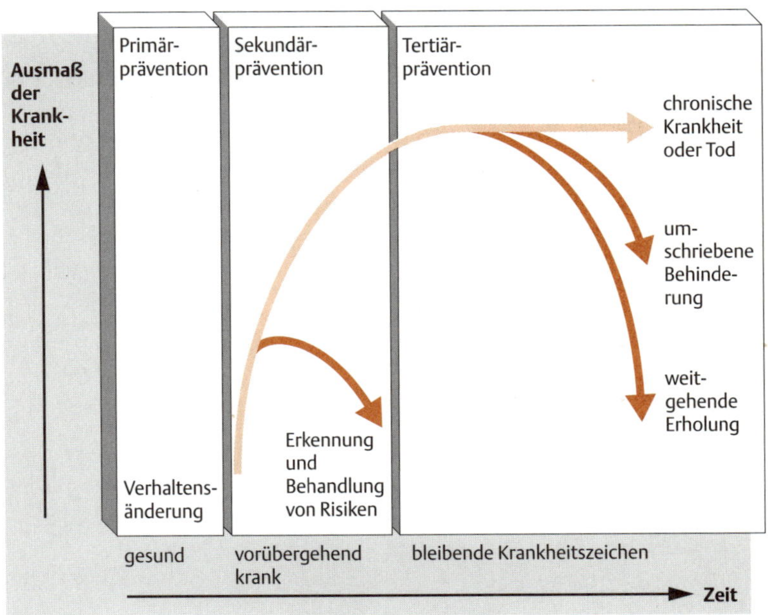

Abb. 28 Vorbeugung eines Schlaganfalls in Abhängigkeit von Krankheitszeichen und Rückbildungsmöglichkeit

Als Primärprävention gelten Maßnahmen, die das erstmalige Auftreten von bestimmten Krankheitszeichen verhindern. Bezogen auf den Schlaganfall bestehen wirksame Methoden in einer Aufklärung der Öffentlichkeit über die entsprechenden Risiken und Anleitung zu einem gesünderen Lebensstil einschließlich Ernährung, Einstellen des Rauchens und Gewichtskontrolle. Eine Primärprävention kann auch medikamentös erfolgen, beispielsweise mit der Einnahme von Acetylsalizylsäure oder Phenprocoumon (Marcumar) bei Menschen mit Vorhofflimmern (siehe S. 65f.). Mit wenigen Ausnahmen sind die Ansätze zur Primärprävention von Schlaganfällen bisher nicht sehr erfolgreich gewesen.

Als Sekundärprävention gelten Maßnahmen, die das Wiederauftreten von bestimmten Krankheitszeichen und das Eintreten einer dauerhaften Schädigung verhindern. Bezogen auf den Schlaganfall sind dies Maßnahmen zur gezielten Erkennung und Beeinflussung von Risikofaktoren wie eines erhöhten Blutdrucks oder des Rauchens oder der Einnahme von Medikamenten. Die meisten bewährten Methoden zur Vorbeugung von Schlaganfällen gehören in diese Gruppe.

Als Tertiärprävention werden schließlich noch Maßnahmen bezeichnet, die bei bereits dauerhaft erkrankten Menschen zusätzliche Komplikationen verhindern und eine Besserung unterstützen. Bezogen auf den Schlaganfall gehören dazu Maßnahmen wie Krankengymnastik oder Logopädie (Sprachschulung).

Wann sollte ein erhöhter Blutdruck medikamentös behandelt werden?

Ein erhöhter Blutdruck ist der wichtigste behandelbare ursächliche Risikofaktor für einen Schlaganfall. Eine medikamentöse Behandlung kann allerdings nie am Anfang stehen. Erst wenn Gewichtsabnahme, Einschränken von Alkoholkonsum und Rauchen sowie – soweit möglich – Abbau von krankmachendem Streß nicht zum Erfolg führen, sollten Medikamente zum Zug kommen.

Ziel jeder – medikamentösen und nichtmedikamentösen – Behandlung eines Bluthochdrucks ist in der Regel die Normalisierung der Druckwerte mit einem diastolischen Druckwert unter 90 und einem systolischen Druckwert unter 150 mmHg. Bleibt der diastolische Hypertonus eines 35jährigen Mannes mit dauernd auf 150/100 mmHg erhöhten Werten unbehandelt, nimmt seine durchschnittliche Lebenserwartung von gut 75 Jahren um über 15 auf 60 Jahre ab. Auch eine alleinige Erhöhung des systolischen Wertes bedingt aber schon ein erhöhtes Schlaganfallrisiko.

Daß eine Senkung des Blutdrucks nicht nur allgemein die Lebenserwartung steigert, sondern auch zu einer Abnahme von Schlaganfällen führt, konnte mehrfach belegt werden. Eine zusammenfassende Auswertung von 14 Untersuchungen zum Einfluß einer Blutdrucksenkung auf das Auftreten von Schlaganfällen bei 37 000 Menschen mit erhöhtem Blutdruck bestätigte, daß eine Senkung des diastolischen Wertes um 5–6 mmHg eine um 35–40% verminderte Häufigkeit von Schlaganfällen bewirkte. Wird also bei einem schlaganfallgefährdeten Menschen der diastolische Blutdruck z.B. von 115–120 mmHg auf 95 mmHg abgesenkt, bedeutet dies eine Verringerung des Schlaganfallrisikos um 70–80%.

Interessanterweise war dieser Effekt unabhängig vom Ausgangswert, also für leicht erhöhte Werte ebenso gegeben wie für stark erhöhte, aber auch bei sogenannten normalen Blutdruckwerten vorhanden. Daß ein »zu niedriger« Blutdruck in aller Regel nicht mit einem erniedrigten Schlaganfallrisiko einhergeht, wurde bereits bei der Darstellung der Risikofaktoren erwähnt. Es ist aber darüber hinaus auch so, daß eine Absenkung eines »normalen« Blutdrucks ebenso wie bei erhöhten Werten eine deutliche Risikominderung bewirkt. Hier ist also ein gewisses Umdenken erforderlich, wenn man erkennen muß, daß normale Blutdruckwerte ungesünder sind als vermeintlich zu tiefe.

In erster Linie gilt die Schutzwirkung einer Blutdrucksenkung für junge und mittelalte und weniger für Menschen im höheren Lebensalter, das heißt jenseits des 70. bis 80. Lebensjahres (siehe auch S. 61). Eine schwedische Untersuchung konnte aber auch für diese Altersgruppe nachweisen, daß eine blutdrucksenkende Behandlung noch zu einer gewissen Risikominderung führt. Allerdings sollte eine Blutdrucksenkung besonders bei älteren Menschen selbst bei Zeichen eines drohenden Schlaganfalles langsam und schonend erfolgen. Sonst besteht nämlich bei diesen Menschen aufgrund der zu höheren Werten hin verschobenen Kurve der Autoregulation ein hohes Risiko, eine zerebrale Ischämie eher auszulösen als zu verhindern.

Die zur Behandlung von erhöhtem Blutdruck zur Verfügung stehenden Medikamente sind in alphabetischer Reihenfolge in der Tabelle 16 aufgeführt. Bei vielen Menschen müssen einige davon ausprobiert werden, bis das für sie am besten wirksame und verträgliche Mittel herausgefunden werden kann.

Tab. 16 Medikamente zur Behandlung von erhöhtem Blutdruck

Name	Wirkung
ACE-Hemmer	hemmen das Umwandlungsenzym von Angiotensin (englisch: angiotensine converting enzyme), das bei seiner Ausschüttung ein Zusammenziehen der Arterien und damit eine Blutdruckerhöhung bewirkt.
Alpha-adrenerge Blocker	unterdrücken die Botschaften des Gehirns zum sogenannten autonomen oder vegetativen Nervensystem, das u.a. auch die Weite von Gefäßen kontrolliert.
Beta-Blocker	kontrollieren den Blutdruck über mehrere Mechanismen.
Diuretika	führen zu einer vermehrten Ausscheidung von Salz und Wasser, speziell von Natrium.
Kalziumantagonisten	wirken in erster Linie über eine Kontrolle des Herzschlags und eine Entspannung der Blutgefäße.
Vasodilatantien	führen zu einer Dilatation oder Weitstellung der Arterien.

Welche Möglichkeiten zur nichtmedikamentösen Senkung des Blutdrucks gibt es?

Erfreulicherweise gibt es eine ganze Reihe von Möglichkeiten, den Blutdruck auch ohne Einnahme von Medikamenten zu senken. Auch beim Bluthochdruck ist es so, daß viele Menschen fälschlicherweise immer noch glauben, das einzige was sie selbst für eine Senkung ihres erhöhten Blutdrucks tun könnten, sei die regelmäßige Einnahme der verordneten Medikamente. Ganz im Gegenteil dazu ist eine sofortige medikamentöse Behandlung nur bei den wenigsten Menschen erforderlich, bei denen erstmals ein Hochdruck festgestellt wird. Viele greifen aber lieber zu Tabletten als ihre Lebensgewohnheiten umzustellen.

Dabei sollte zumindest der Versuch einer nichtmedikamentösen Behandlung eines erhöhten Blutdrucks immer am Anfang stehen. Erst wenn dies auf Dauer nicht ausreicht, sind Medikamente notwendig. Aber auch dann sollten die nichtmedikamentösen Maßnahmen unbedingt beibehalten werden, um die erforderliche Dosis der Medikamente möglichst geringhalten zu können.

Die wichtigsten nichtmedikamentösen Maßnahmen zur Senkung des Blutdrucks bestehen in einer Diät (siehe S. 115) mit dem Ziel einer Gewichtsabnahme bei Übergewicht, Einschränkung der Zufuhr von Fetten und Kochsalz sowie eines überhöhten Alkoholkonsums. Gleichzeitig sollten eine vermehrte körperliche Aktivität mit regelmäßigem Ausdauertraining (siehe S. 121ff.) und ein Abbau von übermäßigem Streß erfolgen.

Wann sollte eine Behandlung erhöhter Blutzuckerwerte erfolgen?

Bei der Zuckerkrankheit (Fachausdruck: Diabetes mellitus) gibt es zwei verschiedene Formen, die auch unterschiedlich behandelt werden. Der sogenannte Typ-I-Diabetes wurde früher auch als juveniler oder jugendlicher Diabetes bezeichnet, weil viele Betroffene ihn schon in der Jugend bekommen. Die Bauchspeicheldrüsen der Betroffenen schütten zu geringe Mengen des Hormons Insulin aus, das normalerweise für eine Kontrolle des Blutzuckers sorgt. Die Behandlung besteht entsprechend in einer Gabe von Insulin, das mehrmals am Tag gespritzt werden muß. Die Zahl der Typ-I-Diabetiker in Deutschland wird auf etwa 160 000 – 200 000 Menschen geschätzt.

Der Typ-II-Diabetes wurde früher auch als »milder« oder »Erwachsenen«-Diabetes bezeichnet. Es handelt sich meist um ältere und oft übergewichtige Menschen, bei denen die Blutzuckererhöhung zufällig festgestellt wird. Die Bauchspeicheldrüse produziert zwar noch Insulin, aber es wird nur verzögert abgegeben und wirkt nicht richtig. Eine medikamentöse Behandlung ist nicht immer erforderlich, oft reichen eine Diät und Gewichtsreduktion aus. Bei einer medikamentösen Behandlung genügen zumindest in den ersten Jahren in der Regel Tabletten, und es muß nur selten Insulin gespritzt werden. Schätzungsweise leben in Deutschland etwa 3 Millionen Menschen mit einem Typ-II-Diabetes; es handelt sich also um eine echte Volkskrankheit.

Ab welchem Blutzuckerwert eine Behandlung erfolgen sollte, läßt sich nicht für alle Betroffenen gleichermaßen beantworten. Der Hausarzt bzw. Internist wird dazu zunächst den Nüchternwert (morgens vor dem Frühstück) bestimmen, ergänzend dazu ein Tagesprofil mit mehreren Blutabnahmen über den Tag verteilt und unter Umständen auch einen sogenannten Belastungstest nach Trinken einer stark zuckerhaltigen Lösung durchführen. Normalerweise sinkt der Blutzucker im nüchternen Zustand nicht unter 60 mg% ab und steigt nach dem Essen nicht über 140 mg% an. Mit dem als »HbA1« abgekürzten sogenannten Zuckerhämoglobin steht ein zusätzlicher Meßwert zur Verfügung, der über die langfristige Stoffwechsellage Auskunft gibt. Der rote Blutfarbstoff Hämoglobin verbindet sich nämlich bei dauerhaft erhöhten Werten mit dem Blutzucker.

Wann sollte das Rauchen eingestellt werden?

Im Prinzip ist es immer sinnvoll, mit dem Rauchen aufzuhören. Sicherlich können sich Raucher damit herausreden, daß es bis vor nicht allzu langer Zeit mehr oder weniger dazugehörte, zu rauchen und daß es unheimlich schwer ist, mit dem Rauchen aufzuhören, wenn man einmal längere Zeit geraucht hat. Die Werbung verbindet Rauchen mit Milliardenaufwand nach wie vor mit Glück und Erfolg (Abb. 29). In den USA haben Gerichte verschiedene Tabakkonzerne in den letzten Jahren erstmals zur Zah-

Abb. 29 »Ich rauche gern«: der glückliche Schlaganfall (lucky = englisch: glücklich, stroke = englisch: Schlaganfall)

lung von Millionenentschädigungen verurteilt, weil sie die durch das Rauchen bedingten Gesundheitsschäden in der Vergangenheit wider besseres Wissen verharmlost haben.

Obwohl viele Raucher sich dies nicht eingestehen wollen, sind sie vom Rauchen abhängig und damit süchtig. Inzwischen gibt es aber viele unterschiedliche Raucherentwöhnungsprogramme, wovon sich unter anderem Nikotinpflaster bewährt haben sollen, die während einer Übergangszeit auf die Haut geklebt werden, und von denen eine gewisse Menge Nikotin an den Körper abgegeben wird. Ein Umsteigen auf »Light«-Zigaretten mit einer verringerten Nikotin- und Teerkonzentration ist sinnlos. Es konnte nachgewiesen werden, daß dann mehr geraucht und tiefer inhaliert wird, weshalb oft sogar eine größere Gefährdung besteht als zuvor.

Oft wird argumentiert, Raucher müßten wegen ihres gesundheitsschädlichen Fehlverhaltens und der damit verbundenen Behandlungskosten höhere Krankenkassenbeiträge bezahlen. Dies erscheint zwar auf den ersten Blick logisch, ist aber bei genauerer Betrachtung nicht zutreffend. Man kann berechnen, daß Rauchern wegen ihrer deutlich verringerten Lebenserwartung trotz aller Mehrkosten sogar eine Beitragsverringerung zustehen würde. Jedes Jahr sterben in Deutschland etwa 150 000 Menschen (USA 450 000) an den Folgen des Rauchens, wobei Schlaganfälle und andere Herz-Kreislauf-Erkrankungen häufiger sind als Lungenkrebs.

Mich hat vor einigen Jahren eine Anti-Raucherwerbung sehr beeindruckt, die ich im amerikanischen Fernsehen gesehen habe. Man hatte den bekannten Schauspieler Yul Brunner, der geraucht hatte und an Lungenkrebs erkrankt war, relativ früh nach Stellung der Diagnose zu einem Fernsehspot überreden können, der dann erst nach seinem Tod ausgestrahlt wurde. Nach einer Pause von mehreren Sekunden mit schwarzem Bildschirm und ohne Ton erschien der scheinbar kerngesunde Brunner und begrüßte die Zuschauer: *»Hallo, hier spricht Yul Brunner. Wenn Sie diesen Film sehen, bin ich gerade gestorben. Ich hatte Lungenkrebs. Ich habe geraucht«*. Danach wurden Ton und Bild wieder ausgeschaltet und man sah wie zu Beginn mehrere Sekunden lang einen schwarzen Bildschirm.

Die Frage, bis zu welchem Lebensalter es sich lohnt, mit dem Rauchen aufzuhören, läßt sich nicht eindeutig beantworten. Mit Sicherheit gilt die Regel »Je früher, desto besser«. Studien und Modellrechnungen haben ergeben, daß ein 40jähriger Raucher mit deutlich erhöhten Blutfetten durch eine intensive Diät seine Lebensdauer im statistischen Mittel nur um rund ein halbes Jahr verlängern kann, während das Aufgeben des Rauchens immerhin eine Lebensverlängerung von mehr als fünf Jahren bewirken würde.

Für den Herzinfarkt konnte gezeigt werden, daß ein Aufhören bis Mitte 50 sinnvoll ist. In wieweit dies auf den Hirninfarkt übertragbar ist, ist derzeit offen. Eine amerikanische Untersuchung konnte jedenfalls belegen, daß Menschen, die mit dem Rauchen aufhören, ihr Schlaganfallrisiko im Vergleich zu den weiterhin rauchenden Menschen auf die Hälfte verringern. Dies gilt trotz einer durchschnittlichen Gewichtszunahme von fünf Kilogramm, zu der es nach Einstellen des Rauchens kommt. Nach zehn Jahren haben ehemalige Raucher im Vergleich zu Nichtrauchern keine nennenswerte Erhöhung des Schlaganfallrisikos mehr.

Alles in allem ist es nicht unbedingt erforderlich, einem 75jährigen, der eine erste TIA erlitten hat und abgesehen von einer leichten Einengung einer Halsschlagader altersentsprechend gesund ist, in Zukunft streng das Rauchen zu verbieten, wenn dies für ihn ein wesentliches Merkmal seiner Lebensfreude ist. Obwohl ich selbst – abgesehen von gelegentlichem Zigarrengenuß – Nichtraucher bin, halte ich es in dieser Beziehung mit dem früheren Münchener Psychiater Norbert Matussek, der mir einmal erzählte, ihm seien all jene fanatischen Menschen nicht geheuer, die auf jedwede Lebensfreude verzichteten und trotz ihrer panischen Angst vor dem Tod ja dennoch sterben müßten.

Wann sollte das Trinken von Alkohol eingeschränkt werden?

Ob und wann gegebenenfalls das Trinken von Alkohol eingeschränkt werden sollte, ist zur Zeit noch recht unklar. Neben dem Einstellen des Rauchens und körperlicher Aktivität erhöht in vernünftigen Mengen getrunkener Alkohol unter anderem auch die HDL-Konzentration im Blut. In vielen Untersuchungen hat sich gezeigt, daß mäßige Alkoholtrinker im Vergleich zu Menschen, die keinen Alkohol trinken, eine niedrigere Sterberate an Herz-Kreislauf-Erkrankungen haben. Bei der Wirkung von Alkohol auf Gefäße ist davon auszugehen, daß kleine Mengen unschädlich sind und wahrscheinlich – auch bei bestehendem Hochdruck oder anderen Herz-Kreislauf-Störungen – sogar günstig sein können. Das Problem liegt in dem Zusatz »klein« und der ja weithin bekannten Tatsache, daß sich viele Menschen zwar vornehmen, nur ein oder zwei Glas Bier oder Wein zu trinken, diesen Vorsatz aber dann beim Trinken vergessen.

Ob es bei der Art des Alkohols Unterschiede gibt, läßt sich momentan noch nicht abschließend beantworten. Das Ergebnis französischer Untersuchungen, die für Rotwein eine Schutzwirkung gezeigt haben, sind mit großer Sicherheit auch auf Weißwein und Sekt übertragbar. Auf der anderen Seite sollte Werbekampagnen, die Wein nun nahezu zum Heilmittel erklären möchten, mit einer ausreichenden Skepsis begegnet werden. Biertrinker trinken überdurchschnittlich oft größere Flüssigkeitsmengen auf einmal, was bei im Vergleich zu Wein niedrigerem Alkoholgehalt zwar auf eine gleiche Menge Alkohol hinausläuft, aber zu einer größeren Kreislaufbelastung führt.

Was sollte bei der Ernährung beachtet werden?

Ziel einer bewußteren Ernährung ist eine Normalisierung des Körpergewichtes, von erhöhten Blutfetten und damit oft auch eines erhöhten Blutdrucks. Wer normalgewichtig ist und Normalwerte des Blutdruckes und der Blutfette hat, benötigt keine spezielle Diät. Ansonsten trifft aber für fast alle von uns zu, daß wir »zu viel, zu fett, zu süß, zu salzig und zu ballaststoffarm« essen. Bei der weit überwiegenden Mehrzahl von übergewichtigen oder adipösen Menschen besteht die unmittelbare Ursache einzig und allein in einer zu reichlichen Nahrungsaufnahme. Oft bestehen mittelbar aber zum Beispiel seelische Probleme. Hormonstörungen lassen sich nur selten nachweisen.

Neben der Einschränkung der Fett- und Kochsalzzufuhr spielt auch das Einhalten regelmäßiger Mahlzeiten eine Rolle. So hat sich beispielsweise gezeigt, daß Menschen, die fast nie frühstücken, größere Gewichtsprobleme haben als solche, die regelmäßig ein Frühstück einnehmen. Wahrscheinlich liegt es daran, daß sie ihren Nährstoffmangel im Verlauf des Tages mehr als ausgleichen und dabei häufiger zu fett- und kalorienreichen Süßigkeiten greifen. Auch das Alter scheint wichtig zu sein, wobei es bei vielen Männern zwischen dem 30. und 40. Lebensjahr und bei vielen Frauen zwischen dem 40. und 50. Lebensjahr zu einer besonders deutlichen Zunahme kommt.

Schlaganfallgefährdete Menschen sollten bei ihrer Ernährung die Zufuhr von Cholesterin, Fetten mit hohem Gehalt an gesättigten Fettsäuren, Kochsalz (Natriumchlorid), Alkohol und überzähligen Kalorien einschränken. Günstig ist eine Bevorzugung von Früchten, Gemüse, Kartoffeln, Getreideprodukten, Meeresfisch, Olivenöl und fettarmen Milchprodukten. Bei Fleisch sollte »weißem« Fleisch gegenüber »rotem« und Wurstwaren wegen dessen hohem Gehalt an gesättigten Fettsäuren der Vorzug gegeben werden. Bei Bluthochdruck sollte zusätzlich auf eine salzarme Ernährung geachtet werden.

Natürlich besteht wie bei allen Diäten die Gefahr, daß sie sich so zusammenfassen lassen, einfach auf alles zu verzichten, was gut schmeckt (Butter, Sahne, Eier, Schokolade, Wurst, Nüsse, Alkohol). Ein Essen, das nicht schmeckt, kann auf die Dauer nicht gesund sein. Bei erhöhten Blutfetten ist eine fettarme Diät sinnvoll, die weniger als 300 mg Cholesterin pro Tag enthält und reich an mehrfach ungesättigten Fettsäuren ist. Insgesamt sollte Fett auch nicht mehr als 30 % der täglichen Kalorienzufuhr darstellen. Ob eine zusätzliche Einnahme einfach ungesättigter Fettsäuren sinnvoll ist, ist derzeit noch unklar.

Schlaganfallgefährdete Menschen sollten möglichst früh – bei familiär gehäuft auftretenden Fällen durchaus schon in der Kindheit oder Jugend – eine Bestimmung des LDL und HDL durchführen lassen. Gegebenenfalls kann dann frühzeitig mit einer strikten Diät und bei Bedarf zusätzlichen medikamentösen Behandlung begonnen werden. Bei hohem LDL empfiehlt sich neben einer Gewichtsreduktion das Einstellen des Rauchens und eine vermehrte körperliche Aktivität. Es konnte gezeigt werden, daß sich Cholesterinablagerungen in Arterienwänden unter Gewichtsreduktion und fettarmer Kost mit einem hohen Anteil ungesättigter Fettsäuren zurückbilden, sofern sie noch nicht verkalkt sind. Regelmäßiges, aber mäßiges Trinken von Alkohol erhöht den HDL-Spiegel.

Wie eine erhöhte Natriumkonzentration im Blut zu einem erhöhten Blutdruck führt, ist nach wie vor unklar. Daß aber ein entsprechender Zusammenhang besteht, ist eindeutig und mehrfach nachgewiesen worden. Wahrscheinlich spielt eine erhöhte Natriumzufuhr bei etwa 60 % aller Menschen mit hohem Blutdruck eine ursächliche Rolle. Beim Kochsalz (Natriumchlorid) als der wichtigsten Natriumquelle für den Körper ist es so, daß eine bestimmte Menge unbedingt erforderlich ist, um die normalen Körpervorgänge aufrechtzuerhalten. Allerdings nehmen die meisten Menschen mit ihrer Nahrung immer noch zu viel Salz auf, im Mittel 1–2 Teelöffel oder 6–16 Gramm am Tag. Ein kleiner Teil davon, nämlich nur ein halbes Gramm, wäre aber schon ausreichend! Wenn man die Natriumzufuhr einschränken will, muß man daran denken, daß es nicht nur in Kochsalz enthalten ist, sondern in hohen Konzentrationen auch in vielen anderen Stoffen wie Backpulver oder Glutamat und in gewissen Mengen in nahezu allen Lebensmitteln. Auch einige der von gesundheitsbewußten Menschen bevorzugt getrunkenen Mineralwassersorten sind sehr natriumreich.

In den letzten Jahren haben sich zusätzlich sehr interessante Befunde zu den sogenannten Flavonoiden ergeben. Dabei handelt es sich um eine Stoffgruppe, die in hoher Konzentration sowohl in frischem Obst und Gemüse als auch in schwarzem Tee enthalten ist. Flavonoide sind unter anderem in der Lage, arteriosklerotische Vorgänge in den Blutgefäßen aufzuhalten und können die Blutgerinnung beeinflussen. Nach ersten Hinweisen auf eine Schutzwirkung gegenüber Herz-Kreislauf-Erkrankungen ergab eine Verlaufskontrolle bei über 500 älteren Männern in Holland, daß diejenigen mit einer hohen Flavonoidzufuhr (überwiegend mit durchschnittlich fünf Tassen Tee am Tag!) gegenüber denjenigen mit einer niedrigen Einnahme fast 70 % weniger Schlaganfälle hatten. Flavonoide im Rotwein werden auch für die Beobachtung verantwortlich gemacht, daß Franzosen trotz höherer Fettzufuhr mit der Nahrung seltener Schlaganfälle haben als Amerikaner.

Wann sollten erhöhte Blutfette medikamentös behandelt werden?

Bei den Blutfetten werden Cholesterinkonzentrationen über 240 mg/dl als krankhaft und behandlungswürdig angesehen. Werte zwischen 200 und 240 gelten als grenzwertig und sollten in Abhängigkeit von der jeweiligen Gesamtsituation kontrolliert sowie im Zweifelsfall auch behandelt beziehungsweise gesenkt werden.

Erhöhte Triglyzeridwerte (siehe auch S. 79) sprechen hervorragend auf eine fett- und alkoholarme Ernährung sowie eine vermehrte körperliche Betätigung an. Eine medikamentöse Behandlung ist in aller Regel wegen einer alleinigen Erhöhung der Triglyzeride nicht erforderlich. Beim Cholesterin ist eine gezielte Beeinflussung der sogenannten LDL- und HDL-Werte wichtiger als eine generelle Erniedrigung der Gesamtkonzentration. Es müssen nämlich die LDL-Werte ebenfalls gesenkt, die HDL-Werte aber erhöht werden. Als erste Maßnahme ist dazu eine Umstellung der Ernährungsgewohnheiten sinnvoll.

Sofern keine weiteren Risikofaktoren bekannt sind, liegt der Zielwert für das Gesamtcholesterin bei 240 mg/dl und für das LDL bei 155 mg/dl. Sind weitere Risikofaktoren vorhanden, erniedrigen sich die Zielwerte für das Gesamtcholesterin auf unter 200 mg/dl und für das LDL auf unter 135 mg/dl, LDL-Konzentrationen über 150–160 mg/dl gelten als schädlich, wobei zusätzlich eine Alters- und Geschlechtsabhängigkeit besteht. Der Wert für das »gute« HDL soll bei Männern über 35 mg/dl und bei Frauen über 45 mg/dl liegen. Es wurde geschätzt, daß eine Senkung des Cholesterinspiegels um 10 % (also zum Beispiel von 250 auf 225 mg/dl) das Schlaganfallrisiko um 20 % verringert. Eindeutige wissenschaftliche Studien zum Beleg dieser Annahme stehen allerdings noch aus.

Bei einer trotz Diät und gegebenenfalls vermehrter körperlicher Belastung sowie Gewichtsreduktion bestehenbleibenden Hyperlipidämie ist eine medikamentöse Therapie indiziert. Hierzu stehen inzwischen mehrere Stoffklassen zur Verfügung, unter anderem Medikamente zur allgemeinen Senkung des Cholesterinspiegels wie Lovastatin oder Mevinolin und Medikamente zur Erhöhung der HDL-Werte wie Gemfibrozol. Selbst wenn noch nicht eindeutig belegt ist, daß eine Senkung der Cholesterinkonzentration das Schlaganfallrisiko vermindert, ist dies schon deswegen sinnvoll, weil eine deutliche Senkung des Risikos von Herzinfarkten zweifelsfrei belegt ist.

Die Auswahl und Dosis eines Medikamentes zur Senkung erhöhter Blutfette wird der Hausarzt bzw. Internist in Abhängigkeit vom jeweiligen Risikoprofil treffen.

Wann sollte das Gewicht reduziert werden?

Übergewicht alleine ist nur dann ein Grund zu Gegenmaßnahmen, wenn es deutlich ist. Die meisten übergewichtigen Menschen haben aber gleichzeitig Hochdruck, erhöhte Blutfette oder eine Zuckerkrankheit. Oft trinken sie auch zu viel Alkohol und haben kaum Gelegenheit zur körperlichen Aktivität.

Um festzustellen, ob überhaupt ein Übergewicht vorliegt, kann man sich der altbewährten Formel für das Normalgewicht bedienen, das als »Körpergröße in cm minus 100« festgelegt wurde. Noch genauer als diese einfache Formel, die insbesondere den Körperbau außer acht läßt, ist der sogenannte Körpermassenindex (englisch: body mass index = BMI). Dieser ergibt sich aus dem Verhältnis aus dem Körpergewicht in Kilogramm zu dem Quadrat der Körpergröße in cm. Da sich der Körpermassenindex nicht rasch mit dem Kopf ausrechnen läßt, gibt es sogenannte Nomogramme und Tabellen, in denen man für seine Größe und sein Gewicht den jeweiligen Wert ablesen kann (Abb. 30 und 31). BMI-Werte zwischen 25 und 29 entsprechen einem leichten bis mäßigen Übergewicht, Werte zwischen 30 und 39 einem deutlichen Übergewicht und Werte ab 40 einem sehr starken Übergewicht.

Übergewichtige mit hohem Blutdruck, Diabetes mellitus oder Hypercholesterinämie müssen abnehmen, wenn sie die entsprechenden Werte verbessern wollen. Eine alleinige Einnahme von Tabletten gegen zu hohen Blutdruck, Blutzucker und erhöhte Blutfette ist in aller Regel nicht ausreichend wirksam und insbesondere auch nicht sinnvoll.

Eine Gewichtsreduktion durch eine Diät erfolgt nur dann, wenn die Energiezufuhr mit der Nahrung geringer ist als der Energieverbrauch des Körpers. Um ein einziges überflüssiges Kilo wieder loszuwerden, genügt es aber nicht, einmal eine Mahlzeit auszulassen. Man muß dazu eine ganze Woche lang bei jeder Mahlzeit ein Drittel weniger Kalorien als üblich zu sich nehmen!

Appetitzügler (wie sogenannte Amphetamine) können gefährlich sein. Dies gilt auch für extreme Diäten mit rasch wechselndem Körpergewicht, die mehr schaden als nutzen.

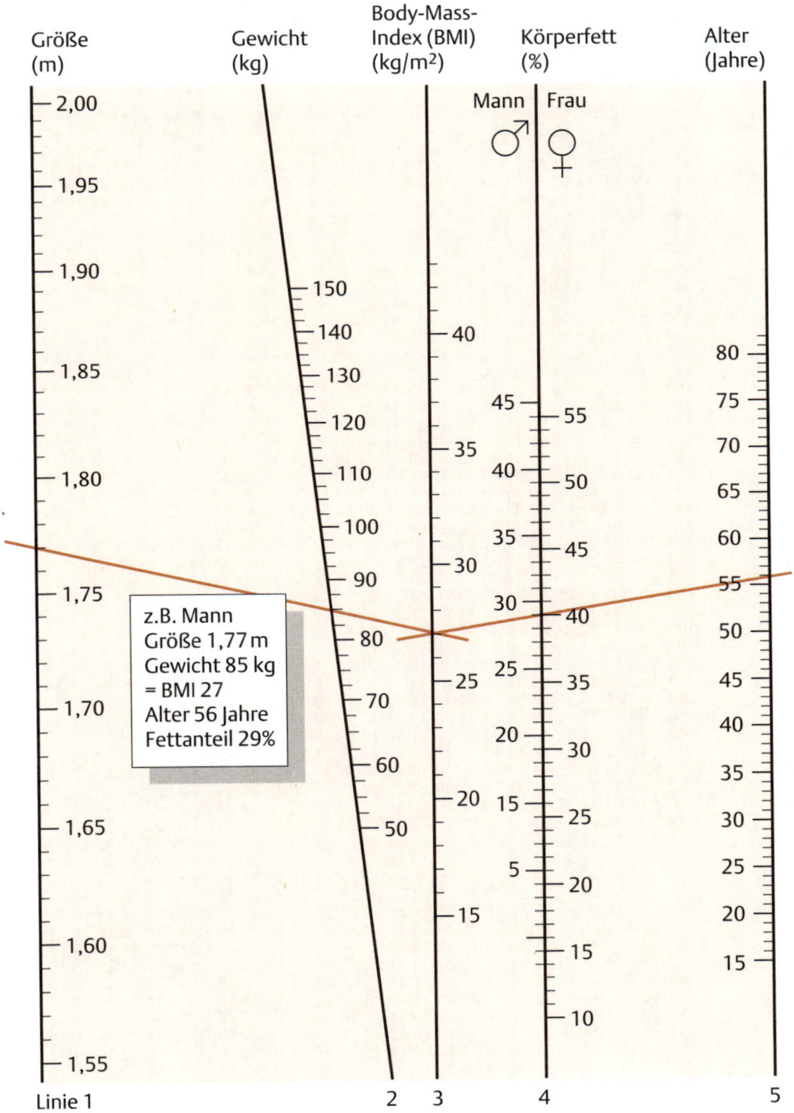

Abb. 30 Nomogramm. Um Ihren Body-Mass-Index zu ermitteln, verbinden Sie bitte mit einem Lineal Ihre Größe (Linie 1) mit Ihrem Gewicht (Linie 2). Am Schnittpunkt mit Linie 3 können Sie Ihren BMI ablesen. Wenn Sie zusätzlich Ihren Körperfettanteil abschätzen wollen, dann verbinden Sie Ihren BMI mit Ihrem Alter. Am Schnittpunkt mit Linie 4 erhalten Sie den ungefähren Körperfettanteil in Prozent (Geschlecht beachten!).

Gewicht in kg	1,50	1,52	1,54	1,56	1,58	1,60	1,62	1,64	1,66	1,68	1,70	1,72	1,74	1,76	1,78	1,80	1,82	1,84	1,86	1,88	1,90	1,92	1,94	1,96	1,98	2,00	
160	71	69	68	66	64	63	61	60	58	57	55	54	53	52	51	49	48	47	46	45	44	43	43	42	41	40	≥40 sehr starkes Übergewicht
158	70	68	67	65	63	62	60	59	57	56	55	53	52	51	50	49	48	47	46	45	44	43	42	41	40	40	
156	69	68	66	64	62	61	60	58	57	55	54	53	52	50	49	48	47	46	45	44	43	42	42	41	40	39	
154	68	67	65	63	62	60	59	57	56	55	53	52	51	50	49	48	47	45	45	44	43	42	41	40	39	39	
152	68	66	64	63	61	59	58	57	55	54	53	51	50	49	48	47	46	45	44	43	42	41	40	40	39	38	
150	67	65	63	62	60	59	57	56	54	53	52	51	50	48	47	46	45	44	43	43	42	41	40	39	38	38	
148	66	64	63	61	59	58	57	55	54	53	51	50	49	48	47	46	45	44	43	42	41	40	39	39	38	37	
146	65	63	62	60	58	57	56	54	53	52	51	49	48	47	46	45	44	43	42	41	40	40	39	38	37	37	
144	64	62	61	59	58	56	55	54	52	51	50	49	48	47	45	44	44	43	42	41	40	39	38	38	37	36	
142	63	62	60	58	57	56	54	53	52	50	49	48	47	46	45	44	43	42	41	40	39	39	38	37	36	36	
140	62	61	59	58	56	55	53	52	51	50	48	47	46	45	44	43	42	41	41	40	39	38	37	37	36	35	
138	61	60	58	57	55	54	53	51	50	49	48	47	46	45	44	43	42	41	40	39	38	37	37	36	35	35	30-39 deutliches Übergewicht
136	60	59	57	56	54	53	52	51	49	48	47	46	45	44	43	42	41	40	39	39	38	37	36	35	35	34	
134	60	58	57	55	54	52	51	50	49	48	46	45	44	43	42	41	41	40	39	38	37	36	36	35	34	34	
132	59	57	56	54	53	52	50	49	48	47	46	45	44	43	42	41	40	39	38	37	37	36	35	34	34	33	
130	58	56	55	54	52	51	50	48	47	46	45	44	43	42	41	40	39	38	38	37	36	35	35	34	33	33	
128	57	55	54	53	51	50	49	48	46	45	44	43	42	41	40	40	39	38	37	36	36	35	34	33	33	32	
126	56	55	53	52	50	49	48	47	46	45	44	43	42	41	40	39	38	37	36	36	35	34	34	33	32	32	
124	55	54	52	51	50	48	47	46	45	44	43	42	41	40	39	38	38	37	36	35	34	34	33	32	32	31	
122	54	53	52	50	49	48	47	45	44	43	42	41	40	39	39	38	37	36	35	35	34	33	33	32	31	31	
120	53	52	51	49	48	47	46	45	44	43	42	41	40	39	38	37	36	35	35	34	33	33	32	31	31	30	
118	52	51	50	49	47	46	45	44	43	42	41	40	39	38	37	36	36	35	34	33	33	32	31	31	30	30	
116	52	50	49	48	46	45	44	43	42	41	40	39	38	37	37	36	35	34	34	33	32	31	31	30	30	29	
114	51	49	48	47	46	45	44	42	41	40	40	39	38	37	36	35	34	34	33	32	32	31	30	30	29	29	
112	50	49	47	46	45	44	43	42	41	40	39	38	37	36	35	35	34	33	32	32	31	30	30	29	29	28	25-29 leichtes bis mäßiges Übergewicht
110	49	48	46	45	44	43	42	41	40	39	38	37	36	36	35	34	33	33	32	31	30	30	29	29	28	28	
108	48	47	46	44	43	42	41	40	39	38	37	37	36	35	34	33	33	32	31	31	30	29	29	28	28	27	
106	47	46	45	44	42	41	40	39	38	38	37	36	35	34	33	33	32	31	31	30	29	29	28	28	27	27	
104	46	45	44	43	42	41	40	39	38	37	36	35	34	34	33	32	31	31	30	29	29	28	28	27	27	26	
102	45	44	43	42	41	40	39	38	37	36	35	34	34	33	32	31	31	30	29	29	28	28	27	27	26	26	
100	44	43	42	41	40	39	38	37	36	35	35	34	33	32	32	31	30	30	29	28	28	27	27	26	26	25	
98	44	42	41	40	39	38	37	36	36	35	34	33	33	32	31	30	30	29	28	28	27	27	26	26	25	25	
96	43	42	40	39	38	37	37	36	35	34	33	32	32	31	30	30	29	28	28	27	27	26	26	25	24	24	
94	42	41	40	39	38	37	36	35	34	33	33	32	31	30	30	29	28	28	27	27	26	25	25	24	24	24	
92	41	40	39	38	37	36	35	34	33	33	32	31	30	30	29	28	28	27	27	26	25	25	24	24	23	23	
90	40	39	38	37	36	35	34	33	33	32	31	30	30	29	28	28	27	27	26	25	25	24	24	23	23	23	
88	39	38	37	36	35	34	34	33	32	31	30	30	29	28	28	27	27	26	25	25	24	24	23	23	22	22	20-24 Normalgewicht
86	38	37	36	35	34	34	33	32	31	30	30	29	28	28	27	27	26	25	25	24	24	23	23	22	22	22	
84	37	36	35	35	34	33	32	31	30	30	29	28	28	27	27	26	25	25	24	24	23	23	22	22	21	21	
82	36	35	35	34	33	32	31	30	30	29	28	28	27	26	26	25	25	24	24	23	23	22	22	21	21	21	
80	36	35	34	33	32	31	30	30	29	28	28	27	26	26	25	25	24	24	23	23	22	22	21	21	20	20	
78	35	34	33	32	31	30	30	29	28	28	27	26	26	25	25	24	24	23	23	22	22	21	21	20	20	20	
76	34	33	32	31	30	30	29	28	28	27	26	26	25	25	24	23	23	22	22	22	21	21	20	20	19	19	
74	33	32	31	30	30	29	28	28	27	26	26	25	24	24	23	23	22	22	21	21	20	20	20	19	19	19	
72	32	31	30	30	29	28	27	27	26	26	25	24	24	23	23	22	22	21	21	20	20	20	19	19	18	18	
70	31	30	30	29	28	27	27	26	25	25	24	24	23	23	22	22	21	21	20	20	19	19	19	18	18	18	
68	30	29	29	28	27	27	26	25	25	24	24	23	22	22	21	21	21	20	20	19	19	18	18	18	17	17	
66	29	29	28	27	26	26	25	25	24	23	23	22	22	21	21	20	20	19	19	19	18	18	18	17	17	17	<20 Untergewicht
64	28	28	27	26	26	25	24	24	23	23	22	22	21	21	20	20	19	19	18	18	18	17	17	17	16	16	
62	28	27	26	25	25	24	24	23	22	22	21	21	20	20	20	19	19	18	18	18	17	17	16	16	16	16	
60	27	26	25	25	24	23	23	22	22	21	21	20	20	19	19	19	18	18	17	17	17	16	16	16	15	15	
58	26	25	24	24	23	23	22	22	21	21	20	20	19	19	18	18	18	17	17	16	16	16	15	15	15	15	
56	25	24	24	23	22	22	21	21	20	20	19	19	18	18	18	17	17	17	16	16	16	15	15	15	14	14	
54	24	23	23	22	22	21	21	20	20	19	19	18	18	17	17	17	16	16	16	15	15	15	14	14	14	14	
52	23	23	22	21	21	20	20	19	19	18	18	18	17	17	16	16	16	15	15	15	14	14	14	14	13	13	
50	22	22	21	21	20	20	19	19	18	18	17	17	17	16	16	15	15	15	14	14	14	14	13	13	13	13	

Größe in Meter

Abb. 31 BMI-Tabelle. Am Kreuzungspunkt zwischen Ihrem Gewicht (Spalte) mit Ihrer Körpergröße (Linie) liegt Ihr Body-Mass-Index.

Wann ist vermehrte körperliche Aktivität sinnvoll?

Eine vermehrte körperliche Aktivität und Sport sind unabhängig vom Lebensalter in Maßen immer sinnvoll. Dadurch kann ebenso wie durch das Einstellen des Rauchens nicht nur das HDL erhöht werden, sondern es gibt noch andere günstige Auswirkungen wie eine Abnahme des Körpergewichts und Blutdrucks. Außerdem ist eine Schutzwirkung regelmäßiger körperlicher Betätigung vor Herzkrankheiten bekannt, die ihrerseits ansonsten wieder das Risiko eines Schlaganfalls erhöhen.

Vermehrte körperliche Aktivität heißt nicht zwangsläufig Sport. Zur Frage der Gesundheitsförderlichkeit von Sport gibt es weit voneinander abweichende Meinungen von Befürwortern und übermäßig aktiven Menschen, die nahezu jede freie Minute mit Sport verbringen bis zur völligen Ablehnung mit Äußerungen wie »Sport ist Mord«. Einige Leser werden die berühmte Antwort des früheren englischen Premierministers Sir Winston Churchill auf die Frage nach der Ursache seines erreichten hohen Alters kennen: »No sports«, also »kein Sport«. Viele Menschen schaden ihrem Körper mit Sport mehr als sie ihm nützen. Dies betrifft nicht nur den ohnehin oft fragwürdigen Leistungssport unter Zuhilfenahme schädlicher Dopingmittel, sondern auch manche Freizeitsportarten mit wenig gesundheitsfördernden Effekten und vielen Risiken.

Auf der anderen Seite ist die Meinung von Sir Winston Churchill eigentlich kein gutes Argument, da er – wegen seines Übergewichts, Rauchens und erhöhten Blutdrucks – nicht nur ein »lebender Gefäßrisikofaktor« war, sondern zum Zeitpunkt seiner Antwort bereits einen Schlaganfall hinter sich hatte und in den letzten Jahren seines Lebens eine sogenannte subkortikale arteriosklerotische Enzephalopathie (SAE) mit zahlreichen umschriebenen Durchblutungsstörungen in der Tiefe des Gehirns und einem geistigen Abbau hatte.

Auf das Herz-Kreislauf-System wirken sich besonders solche Sportarten aus, die für eine gewisse Zeit die Pulsfrequenz auf mindestens 70 % des erreichbaren Wertes erhöhen und zu einer längerdauernden Steigerung von Herzleistung und Sauerstoffverbrauch führen. Dies ist beispielsweise durch Dauerlauf, Schwimmen, Radfahren oder Aktivität auf einem Heimtrainer möglich. Die anzustrebende Bewegungsintensität hängt vom jeweiligen Alter und Gesamtzustand ab (Tab. 17, S. 122), wobei zur Leistungsstärke gegebenenfalls eine Rücksprache mit dem Hausarzt sinnvoll ist. Eine entsprechende Betätigung sollte wenigstens dreimal pro Woche erfolgen.

Tab. 17 Richtwerte für die bei körperlicher Belastung anzustrebende Pulsfrequenz in Abhängigkeit vom Alter und der Leistungsstärke

Alter	rund 80 % der maximalen Leistung (200 minus Alter)	rund 65 % der maximalen Leistung (190 minus Alter)	rund 50 % der maximalen Leistung (180 minus Alter)
30	170	150	120
35	165	145	125
40	160	140	120
45	155	135	115
50	150	130	110
55	145	125	105
60	140	120	100
65	135	115	95
70	130	110	90
75	125	105	85

Die genaue Dauer eines Ausdauertrainings für den Kreislauf hängt vom jeweiligen Alter und Fitneßzustand ab. Wer schon lange keinen Sport mehr ausgeübt hat, sollte mit 5 Minuten beginnen und nur allmählich auf 20–30 Minuten erhöhen. Für über 60jährige Menschen sind 20 Minuten Dauerleistung bereits sehr wirksam. Für 40- bis 60jährige sind 30 Minuten anzustreben, und für Jüngere liegt das Optimum einer Trainingseinheit bei etwa 45 Minuten.

In den letzten 10 Jahren ist auch bei uns das Joggen sehr in Mode gekommen. Zweifellos hat Joggen viele Vorteile, wobei viele aktive Läufer sagen, der seelisch-psychische Effekt sei ihnen wichtiger als der körperliche. Mir hat in diesem Zusammenhang aber auch sehr gut gefallen, wie ein amerikanischer Neurologe einem anderen auf die Frage antwortete, ob er nicht etwas mit ihm joggen wolle, er würde sofort damit anfangen, wenn er einmal einem lächelnden Jogger begegnen würde. Tatsächlich haben ja die meisten Läufer einen mehr als gequälten Gesichtsausdruck, als ob sie nach einer Missetat zu hundert Strafrunden verurteilt worden seien.

Sport ist meines Erachtens nur dann nützlich und gut für die Gesundheit, wenn er Spaß macht. Es geht nicht darum, krampfhaft seinen

Körper zu quälen. Es geht um *vermehrte Bewegung*, und zwar in der Art und Weise, die dem jeweiligen Menschen Spaß macht. Für manche ist Squash, Tennis oder Joggen das richtige, für andere Wandern, Radfahren oder auch so einfache Dinge wie Treppenlaufen anstelle der Benutzung des Fahrstuhls. Neuere Untersuchungen bei fast 60000 Krankenschwestern aus den USA haben gezeigt, daß selbst ein rasches Spazierengehen schon ausreichend sein kann. Die Frauen, die dies regelmäßig pro Woche ein bis zwei Stunden taten, verringerten ihr Schlaganfallrisiko um fast 30%, und bei drei oder mehr Stunden pro Woche lag die Risikominderung sogar über 40%. Gemächliches Spazierengehen oder Rasenmähen, Kegeln oder Golfspielen sind allerdings in dieser Hinsicht unwirksam.

Es ist auch nicht ungefährlich, wenn ein zeitlebens unsportlicher Mensch nach einer TIA mit fünfzig oder sechzig Jahren anfängt, wie wild Tennis oder Squash zu spielen oder zu laufen. Sein Körper muß sich an die damit verbundenen Belastungen ganz langsam gewöhnen, was Monate bis Jahre dauert und nur in Absprache mit dem Hausarzt erfolgen sollte.

Wann sollten Frauen auf keinen Fall die Antibabypille einnehmen?

Nach dem derzeitigen Wissensstand brauchen sich junge Frauen bis zum 30. Lebensjahr ohne sonstige Risikofaktoren keine Sorgen wegen einer Schlaganfallgefährdung durch die Einnahme der Antibabypille zu machen. Zwischen dem 30. und 40. Lebensjahr ist dieses Risiko schon höher, und jenseits des 40. Lebensjahres sollten Frauen möglichst andere Verhütungsmaßnahmen vorziehen.

Auf keinen Fall sollten Frauen die »Antibabypille« bzw. hormonelle Kontrazeptiva einnehmen, die noch andere Risikofaktoren für Durchblutungsstörungen des Gehirns wie etwa einen erhöhten Blutdruck haben, rauchen oder schon einmal eine Durchblutungsstörung des Gehirns hatten, für die sich keine wahrscheinlichere Ursache hat finden lassen. Auch bei einer Migräne scheint eine erhöhte Gefährdung zu bestehen.

Am eindeutigsten ist diese stark erhöhte Gefährdung mit einer mehr als Verzwanzigfachung des Risikos (= Steigerung um mehr als 2000 % !!) für Raucherinnen nachgewiesen, die daher unbedingt zu anderen Verhütungsmethoden greifen sollten. Aber auch die Kombination von hohem Blutdruck und Einnahme der Antibabypille ist so ungünstig, daß man zumindest dann dazu raten sollte, wenn sich der Blutdruck durch Umstellung der Lebensgewohnheiten oder auch eine medikamentöse Behandlung nicht normalisieren läßt.

Wann sollten Frauen nach den Wechseljahren Hormonpräparate einnehmen?

Als Medikamente zugeführte Hormone können auch sinnvoll und nützlich sein. So konnten mehrere Untersuchungen zeigen, daß Frauen, die nach Eintreten der Menopause (Aufhören der monatlichen Periodenblutungen) Östrogene einnehmen, ein vermindertes Herzinfarkt- und Schlaganfallrisiko haben. Inzwischen gibt es auch Befunde, wonach eine Hormontherapie vor einigen anderen Erkrankungen einschließlich der Alzheimer-Krankheit schützen kann. Auf der anderen Seite erhöht eine solche Behandlung das Brustkrebsrisiko.

Lange Zeit wurde angenommen, daß es wie bei der Antibabypille günstig sei, wenn möglichst nur Östrogene und nicht gleichzeitig auch Gestagene eingenommen werden. Eine Untersuchung bei fast 60 000 Krankenschwestern in den USA hat aber gezeigt, daß dies nicht der Fall ist und möglicherweise sogar das Gegenteil zutrifft. Aufgrund der in der mehrjährigen Beobachtungszeit aufgetretenen fast 600 Schlaganfälle der Studienteilnehmerinnen (davon mit etwa 25 % ungewöhnlich viele Subarachnoidalblutungen) ließ sich berechnen, daß eine alleinige Östrogeneinnahme ungünstiger war als eine Kombination mit Gestagenen. Allerdings war eine eindeutige Schutzwirkung nur in bezug auf Herzkrankheiten nachweisbar.

Beim derzeitigen Wissensstand kann eine Einnahme von Hormonpräparaten nach den Wechseljahren allein zur Vorbeugung eines Schlaganfalls noch nicht empfohlen werden. Hierzu sind noch weitere Untersuchungen erforderlich.

Welche Medikamente können Durchblutungsstörungen des Gehirns verhindern?

Durchblutungsstörungen des Gehirns können im wesentlichen mit zwei Medikamentengruppen verhindert werden, den sogenannten Thrombozytenfunktionshemmern und den sogenannten Antikoagulantien.

Thrombozytenfunktionshemmer

Als Thrombozytenfunktionshemmer werden Medikamente bezeichnet, die der Bildung von Gefäßstenosen und -verschlüssen vorbeugen, indem sie sowohl die Thrombozytenaggregation (Vernetzungs- und Verklumpungsneigung der Blutplättchen untereinander) als auch die Zyklooxygenase und – in höheren Dosen – die Bildung von Prostaglandin hemmen. Hierzu stehen drei Medikamente zur Verfügung: Azetylsalizylsäure, Azetylsalizylsäure in Kombination mit Dipyridamol und Ticlopidin.

Azetylsalizylsäure (ASS)

Das bislang am besten untersuchte Medikament dieser Stoffklasse ist die altbewährte Azetylsalizylsäure (ASS; Handelsnamen siehe Tab. 18), die schon seit vielen Jahrzehnten als Mittel zur Bekämpfung von Schmerzen und Entzündungen bekannt ist (siehe auch Abb. 32, S. 129). Zur Frage, wann keine Behandlung mit Azetylsalizylsäure-Präparaten erfolgen darf (= Kontraindikationen oder Gegenanzeigen), wann eine Anwendung eingeschränkt ist bzw. nur mit Vorsicht erfolgen darf sowie zu den wichtigsten Neben- und Wechselwirkungen mit anderen Medikamenten siehe Tabelle 19.

Azetylsalizylsäure und Dipyridamol

Während Dipyridamol (Handelsname Persantin) alleine sich in der Verhütung von Schlaganfällen als relativ wirkungslos erwiesen hat, ist eine gleichzeitige Einnahme von ASS und Dipyridamol (Handelsname für die Kombination: Asasantin) günstiger als ASS alleine. Dies wurde jedenfalls in einer großen europäischen Untersuchung bei 6600 Patienten gezeigt, die nach einer TIA oder einem leichteren Schlaganfall mit ihrem Einverständnis durch einen Zufallsentscheid vier Gruppen zugeteilt und im Mittel über zwei Jahre nachkontrolliert worden waren. Während eine Gruppe nur Plazebo erhielt, wurden jeweils eine weitere alleine mit ASS oder Dipyridamol und die vierte mit einer Kombination beider Wirkstoffe behandelt. Die Kombination war klar besser als ASS oder Dipyridamol alleine. Leider wurde die Untersuchung mit einer sehr niedrigen Tagesdosis von ASS (50 mg) und hohen Dosis sowie veränderten Zubereitungsform von Dipyridamol

Tab. 18 Handelsnamen und Wirkstoffgehalt von Azetylsalizylsäure-Präparaten

Dosis	Handelsname in Deutschland (in alphabetischer Reihenfolge)
30 mg	CC-Cor Miniasal
75 mg	ASS Bonfal Infarktschutz Tabletten
100 mg	Aspirin 100 ASS 100 Lichtenstein ASS 100 von CT ASS light 100 ASS ratiopharm 100 Godamed 100 HerzASS-ratiopharm
150 mg	ASS mini von CT
200 mg	A 55 Dole-Certonal
250 mg	Gepan mite Halgon ASS 250
300 mg	Aspirin 300 ASS ratiopharm 300
320 mg	Aspro
350 mg	Monobeltin 350
400 mg	Togal ASS 400
500 mg	Acesal Acetylin Acetylsalicylsäure 500 PB Acetylsalicylsäre Tabletten Michallik Aspirin Aspirin Direkt Kautabletten Aspirin TAH Aspro 500

Tab. 18 (Fortsetzung)

	ASS 500 von CT ASS Dura ASS Kreuz 500 ASS OPT ASS ratiopharm 500 ASS Stada 500 ASS Woelm Colfarit CC ASS 500 Delegesic 500 Pulver Gepan Acetylsaliclysäure Tabletten Hermes ASS Godamed 500 Menostabil ASS Micristin Romigal ASS 500 Santasal N Werodon-ASS
600 mg	Spalt ASS
Präparate in Österreich	Acidum acetylosalicylicum antos Aspirin Aspro ASS genericon Colfarit
Präparate in der Schweiz	Alcacyl Aspégic (100, 250, 500, 1000) Aspirin Aspirin cardio Aspro 500 Colfarit Demoprin »neue Formulierung« Kardégic (100, 300) Togal ASS

Abb. 32 Azetylsalizylsäure: ein Wundermittel?

durchgeführt, weshalb die Ergebnisse nicht auf das derzeit im Handel befindliche Kombinationspräparat übertragen werden können.

Insgesamt ist der Schutzeffekt einer ASS-Medikation, ob alleine oder in Kombination mit Dipyridamol gegeben, relativ gering. Nur 20–25 % des Risikos werden gemindert und 75–80 % bleiben bestehen! Es wäre also völlig verfehlt, sich unter Einnahme von ASS in irgendeiner Weise sicher zu fühlen, daß nun nichts mehr passieren kann. ASS hat zwar einen Nutzen, dieser ist aber nicht sehr ausgeprägt. Dies zeigt die Notwendigkeit, nach neuen und besser wirksamen Medikamenten zu suchen. Bei keiner anderen Krankheit würde man sich ja mit einem Mittel zufriedengeben, das in vier von fünf Fällen unwirksam ist.

Tab. 19 Die wichtigsten Gegenanzeigen, Anwendungseinschränkungen sowie Neben- und Wechselwirkungen von Azetylsalizylsäure-Präparaten

Gegenanzeigen	Magen- oder Zwölffingerdarmgeschwür, andere Formen einer erhöhten Blutungsneigung, bekannte Allergie gegen ASS
Vorsicht bei	Asthma oder anderen chronischen Atemwegskrankheiten, Heuschnupfen und anderen Allergien, Herzinsuffizienz, Alkoholabhängigkeit, schwerer Leberschädigung, Schwangerschaft, bekannter Nierenschädigung
Nebenwirkungen	Magenschmerzen, Magenbluten, Kopfschmerzen, Tinnitus (Ohrgeräusche), Schwindel, Erbrechen, allergischer Hautausschlag
Wechselwirkungen	Abschwächung der Wirkung von Diuretika (Medikamente zur Ausschwemmung von Flüssigkeit über die Nieren) und Medikamenten gegen Gicht, Verstärkung der Wirkung von Phenprocoumon (Handelsname Marcumar) mit erhöhtem Blutungsrisiko und von bestimmten Medikamenten zur Behandlung der Zuckerkrankheit mit erhöhtem Risiko einer Hypoglykämie (Unterzuckerung)

Ticlopidin

Ticlopidin (Handelsname Tiklyd) ist zur Vorbeugung von thromboembolischen Hirninfarkten nach Schlaganfall-Vorläuferstadien (TIA, PRIND) und zur Vorbeugung von weiteren ischämischen Gefäßkomplikationen nach bereits eingetretenen thrombotischen Hirninfarkten (= sogenannte Sekundärprophylaxe; siehe auch S. 105f.) zugelassen. In zwei großen kontrollierten Untersuchungen konnte nachgewiesen werden, daß Ticlopidin zum einen bei Patienten, bei denen Schlaganfall-Vorläuferstadien aufgetreten waren, wirksamer war als ASS (im ersten Jahr zusätzliche Risikominderung für tödliche und nichttödliche Schlaganfälle um fast 50 %; Abb. 33) und zum anderen nach einem bereits erlittenen Schlaganfall das Risiko für einen zweiten deutlich senken konnte. Ticlopidin ist bei Männern und Frauen gleich wirksam.

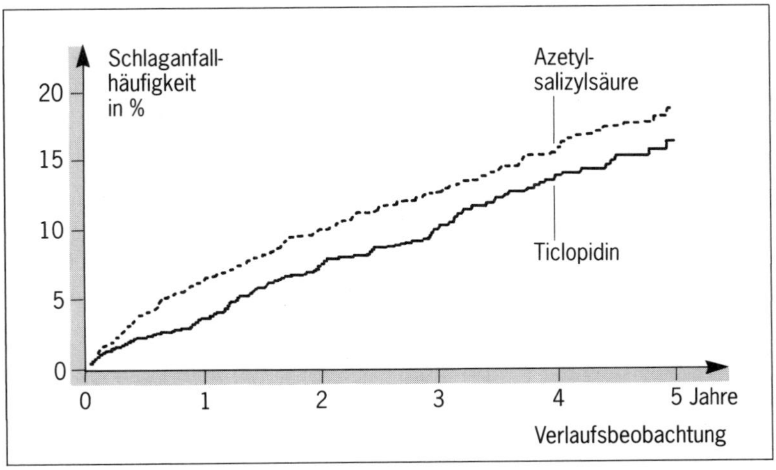

Abb. 33 Überlegene Wirksamkeit von Ticlopidin gegenüber Azetylsalizylsäure

Nebenwirkungen von Ticlopidin wie allergische Hautausschläge oder Durchfall treten meist in den ersten drei Monaten einer Behandlung auf. Selten (unter 1 %) kommt es zu schweren, sich nach Absetzen des Medikamentes zurückbildenden Blutbildveränderungen mit Abfall der Leukozyten oder Thrombozyten. Zur frühzeitigen Erkennung von Blutbildveränderungen sind daher vor Beginn und während der ersten drei Monate einer Behandlung in 14tägigen Abständen Blutbildkontrollen erforderlich. Bei einer Einnahme von Ticlopidin sollte außerdem auf Fieber, Halsentzündungen, Mundgeschwüre oder Blutergüsse geachtet und ein eventuelles Auftreten dem behandelnden Arzt mitgeteilt werden. Nach dem ersten Vierteljahr wird Ticlopidin in aller Regel gut vertragen. Zu den Gegenanzeigen sowie den wichtigsten Nebenwirkungen und Wechselwirkungen von Ticlopidin mit anderen Medikamenten siehe auch Tabelle 20.

Tab. 20 Die wichtigsten Gegenanzeigen, Anwendungseinschränkungen sowie Neben- und Wechselwirkungen von Ticlopidin

Gegenanzeigen	bestehendes oder früheres Magen- oder Zwölffingerdarmgeschwür, andere Formen einer erhöhten Blutungsneigung; Blutbildveränderungen, auch in der Anamnese
Vorsicht bei	Lebererkrankungen
Nebenwirkungen	Abfall der weißen Blutkörperchen incl. Blutplättchen, selten schwere Knochenmarkschädigung, Magen-Darm-Störungen (Durchfall, Übelkeit, Erbrechen), Kopfschmerz, Schwindel, Ohrensausen, allergischer Hautausschlag
Wechselwirkungen	u.a. Abschwächung durch Antazida (Mittel gegen Magensäurebildung), Verstärkung durch Theophyllin (Asthmamittel) Beeinflussung von Phenytoin (Epilepsiemittel) möglich

Antikoagulantien

Antikoagulantien sind Mittel zur Abschwächung oder Verhinderung der Koagulation (Gerinnung) des Blutes. Im wesentlichen kommen dabei Heparin und Phenprocoumon (Marcumar) zum Einsatz. Obwohl eine sichere Wirksamkeit von Antikoagulantien bisher nur für wenige Schlaganfallformen nachgewiesen werden konnte, erhofft man sich unter anderem sowohl eine Wirkung bei der Verhinderung von Embolien als auch ein Offenhalten hochgradiger und nicht operabler Stenosen speziell innerhalb des Kopfes. Andere Einsatzgebiete werden beim Wiederauftreten von Durchblutungsstörungen unter Einnahme von Thrombozytenfunktionshemmern, bei frischen Verschlüssen der Halsschlagader und bei Dissektionen (siehe S. 83) gesehen.

Die bisher vorliegenden Untersuchungen zur Wirkung von Antikoagulantien zur Verhütung des Wiederauftretens von Durchblutungsstörungen des Gehirns lassen allerdings für keine dieser Situationen eindeutige Schlußfolgerungen zu. Derzeit versucht man unter anderem, durch niedrigere Dosen die Risiken einer Behandlung mit Antikoagulantien zu vermindern. Zu den Gegenanzeigen sowie den wichtigsten Nebenwirkungen und Wechselwirkungen mit anderen Medikamenten von Antikoagulantien siehe Tabelle 21.

Tab. 21 Die wichtigsten Gegenanzeigen, Anwendungseinschränkungen sowie Neben- und Wechselwirkungen von Antikoagulantien

Gegenanzeigen	erhöhte Blutungsbereitschaft, Verdacht auf Gefäßverletzungen
Vorsicht bei	Epilepsie, Alkoholismus, Nierensteinen
Nebenwirkungen	Blutungen (Haut, Schleimhaut, Organe) Hautveränderungen, Haarausfall Magen-Darm-Störungen (Durchfall, Übelkeit, Erbrechen)
Wechselwirkungen	mit zahlreichen Medikamenten!

Wann ist es sinnvoll, Medikamente auch ohne Störungen vorsorglich einzunehmen?

Nach dem derzeitigen Wissensstand ist es bis auf wenige Ausnahmen zur Vorbeugung eines Schlaganfalles nicht sinnvoll, vorsorglich Thrombozytenfunktionshemmer oder Antikoagulantien einzunehmen.

Zwei große Untersuchungen in England und den Vereinigten Staaten von Amerika, an denen jeweils mehrere tausend Ärzte zur Klärung dieser Frage teilnahmen, haben zwar gezeigt, daß das Risiko eines Herzinfarktes durch eine vorsorgliche ASS-Einnahme um rund 30% vermindert werden konnte, in beiden Studien traten aber unter Einnahme von ASS sogar etwas häufiger Schlaganfälle auf als ohne ASS.

Wahrscheinlich liegt die Erklärung dieses erstaunlichen und nicht ohne weiteres verständlichen Ergebnisses zumindest teilweise darin, daß Schlaganfälle im Vergleich zu Herzinfarkten eine Gruppe sehr verschiedenartiger Krankheiten sind, die unter anderem sowohl Blutungen als auch Minderdurchblutungen und Störungen sowohl aufgrund einer Veränderung großer als auch kleiner Gefäße beinhalten.

Es ist anzunehmen, daß Hirnblutungen unter Einnahme von ASS etwas häufiger – insgesamt aber nach wie vor sehr selten – auftreten. Um einen möglichen Nutzen einer vorsorglichen Einnahme von ASS auf ischämische Schlaganfälle zu zeigen, wäre es außerdem wegen der im Vergleich zum Herzinfarkt seltener auftretenden Ereignisse wahrscheinlich erforderlich, noch größere Studien mit längerer Beobachtungsdauer durchzuführen.

Auf der anderen Seite sollte man bei der Frage des Nutzens einer vorsorglichen ASS-Einnahme aber nicht nur an die Verhütung von Schlaganfällen denken. Es geht darum, möglichst alle schwerwiegenden vaskulären (durch Durchblutungsstörungen bedingte) Ereignisse zu verhindern, egal ob im Gehirn, am Herz oder in den Gliedmaßen. Nachdem sowohl in den beiden genannten Untersuchungen bei amerikanischen und englischen Ärzten als auch in anderen Studien gezeigt werden konnte, daß eine vorsorgliche ASS-Einnahme das Herzinfarktrisiko bei älteren Menschen deutlich herabsetzt, kann es durchaus sinnvoll sein, zum Beispiel ab dem 50. Lebensjahr 100 mg ASS am Tag einzunehmen.

Für Menschen mit Vorhofflimmern ist nachgewiesen worden, daß eine vorsorgliche Einnahme von Thrombozytenfunktionshemmern oder Antikoagulantien das Schlaganfallrisiko deutlich senkt. Bei Betroffenen unter 65 Jahren ohne weitere Risikofaktoren ist in der Regel eine Gabe von

Azetylsalizylsäure ausreichend. Bei Betroffenen zwischen 65 und 75 Jahren ist meist eine Antikoagulation günstiger, während jenseits des 75. Lebensjahres beide Behandlungsverfahren einen gleich guten Schutz bieten. Unabhängig vom Lebensalter müssen unbedingt die Kontraindikationen (Gegenanzeigen) einer Antikoagulation beachtet werden (siehe Tab. 21, S. 133).

Ob auch Menschen mit bislang zwar asymptomatischen, aber hochgradigen Stenosen der Halsschlagader vorsorglich ASS einnehmen sollten, ist nach wie vor unklar. Während viele Ärzte dazu raten, befürchten andere, dadurch möglicherweise TIAs, nicht aber einen völligen Verschluß des Gefäßes zu verhindern. Wenn dieser aber unbemerkt einmal eingetreten ist, kann keine Thrombendarteriektomie (siehe S. 137f.) mehr erfolgen.

Wie hoch ist die optimale Azetylsalizylsäuredosis pro Tag?

Über diese Frage streiten sich Fachleute seit vielen Jahren. Noch vor zehn Jahren lag die empfohlene ASS-Tagesdosis bei 1500 mg, dann längere Zeit bei 1000 mg und schließlich bei 500 mg. Zur Zeit wird von den meisten Ärzten zur Vorbeugung von Durchblutungsstörungen des Gehirns zur Einnahme von 100–300 mg ASS pro Tag geraten, beim Auftreten von ASS-bedingten Nebenwirkungen zu noch niedrigeren Dosen. Kommt es unter diesen Dosen zu erneuten TIAs oder einem weiteren Schlaganfall, gibt es die folgenden 3 Möglichkeiten:

- Austausch von ASS gegen Ticlopidin,
- Gabe von Antikoagulantien,
- Erhöhung der ASS-Tagesdosis.

Es ist auch schon vorgeschlagen worden, ASS nur jeden zweiten oder dritten Tag einzunehmen. Wie bei anderen medikamentösen Behandlungen gilt auch bei der Vorbeugung von Schlaganfällen, daß eine Einnahme von Tabletten weder zu oft noch zu selten erfolgen sollte; beides begünstigt ein Vergessen.

ASS hemmt in hohen Dosen nicht nur das »schlechte« Prostaglandin aus den Thrombozyten, sondern auch das »gute« Prostaglandin oder Prostazyklin aus dem Endothel der Arterienwand. Dennoch gibt es auch gute Argumente für die Annahme, daß eine nach experimentellen Untersuchungen »im Reagenzglas wirksame« sehr niedrige ASS-Dosis von zum Beispiel 20 oder 30 mg am Tag zur Verhinderung von Schlaganfällen nicht unbedingt ausreichend ist.

Heute weiß man jedenfalls, daß Dosen von mehrmals täglich 500 mg, wie sie in den Beipackzetteln mancher Präparate noch immer genannt werden, überholt und unnötig riskant sind. Ob die mikroverkapselte Zubereitung in dem Präparat Colfarit wirklich vorteilhaft ist oder die dadurch erreichten geringeren Nebenwirkungen im Magen durch eine unsichere Freisetzung des Wirkstoffes erkauft werden, ist bisher nicht ausreichend untersucht worden. Außerdem steht Colfarit nur als Tablette mit 500 mg zur Verfügung.

Wann ist eine Karotis-Endarteriektomie sinnvoll?

Operative Eingriffe in der Akutphase von Durchblutungsstörungen des Gehirns sind wegen der damit verbundenen hohen Risiken nur in seltenen Ausnahmefällen gerechtfertigt. Demgegenüber wurden bereits seit der ersten Vermutung eines ursächlichen Zusammenhangs zwischen Stenosen einer inneren Halsschlagader und Ischämien des Gehirns prophylaktische (vorbeugende) operative Behandlungsversuche mit einer Thrombendarteriektomie (TEA = Thrombus-Ausschäl-Operation in Arterien; Abb. 34, S. 138) durchgeführt.

Bis zu den Ergebnissen zweier großer Untersuchungen zur Wirksamkeit dieser Operation Anfang der 90er Jahre war es allerdings unklar, welche Menschen von einem solchen Eingriff profitieren und welche nicht. Eine der beiden Untersuchungen wurde in den USA durchgeführt, die andere in Europa. In die europäische Untersuchung wurden insgesamt 2500 Patienten mit TIAs, PRIND oder leichtem Infarkt sowie durch plötzliche Durchblutungsstörungen des Auges bedingten Sehstörungen (sogenannte Amaurosis fugax und Retina-Infarkt; siehe dazu auch S. 91f. und S. 93) aufgenommen und im Mittel über drei Jahre im weiteren Verlauf beobachtet. Dabei wurde randomisiert (= per Zufall) entschieden, ob eine Karotis-TEA mit zusätzlicher bestmöglicher medikamentöser Behandlung oder eine alleinige medikamentöse Behandlung erfolgte. Die medikamentöse Behandlung bestand in beiden Gruppen in ASS und gegebenenfalls einer Blutdrucktherapie sowie der Empfehlung, das Rauchen einzustellen.

Bei einer ersten Auswertung wurde sowohl von der europäischen als auch amerikanischen Untersuchung nur über die Ergebnisse bei hochgradigen Stenosen (70–99% Einengung der Gefäßlichtung) berichtet. In beiden Studien hatten die operierten Patienten im weiteren Verlauf eindeutig weniger Schlaganfälle als die nur medikamentös Behandelten, und eine operationsbedingte Komplikationsrate wurde durch diese Vorteile schon nach wenigen Monaten ausgeglichen. Im Gegensatz zu dieser eindeutigen Überlegenheit der Operation bei hochgradigen Stenosen fand die europäische Untersuchung bei leicht- und mittelgradigen Stenosen (bis 30% bzw. 30–70% Einengung der Gefäßlichtung) keinen bzw. keinen sicheren Vorteil der Karotis-TEA.

Es muß ausdrücklich betont werden, daß beide Untersuchungen an Betroffenen durchgeführt wurden, die innerhalb des letzten halben Jahres eine zur Stenose »passende« Durchblutungsstörung des Gehirns und keine ursächlich wahrscheinlicheren anderen Störungen wie etwa Vorhofflimmern hatten. Bei sogenannten asymptomatischen Stenosen, also Gefäßeinengungen, die bei vorsorglichen Untersuchungen oder per Zufall gefunden wurden, sind die meisten Neurologen der Ansicht, daß eine Karotis-TEA nur in Ausnahmefällen gerechtfertigt ist.

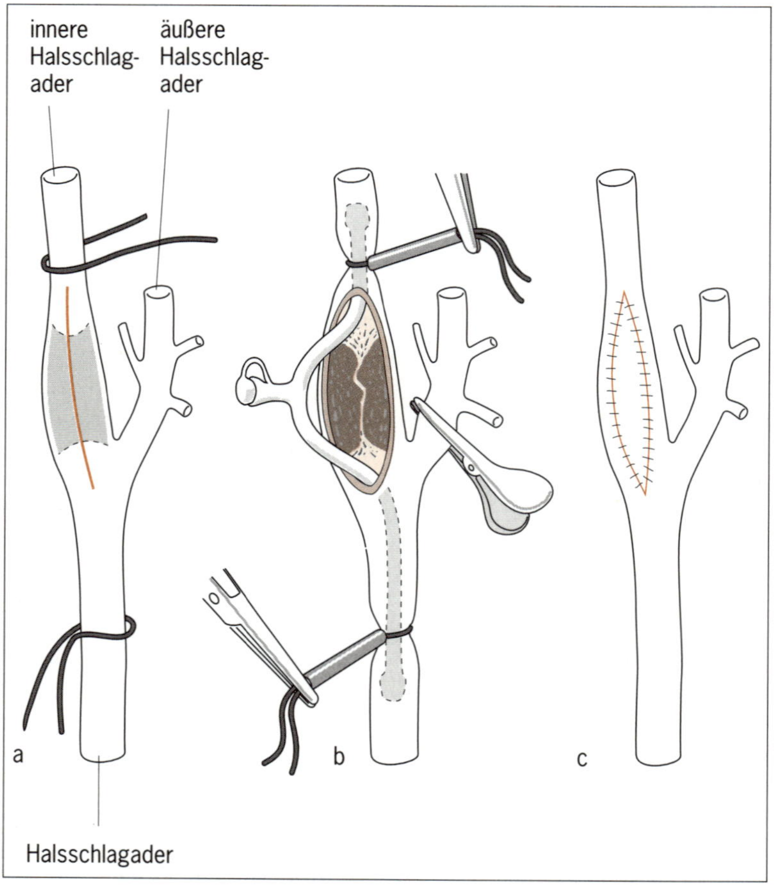

Abb. 34 Thrombendarteriektomie: Der zu operierende Gefäßabschnitt wird zuerst abgebunden (a), dann wird zur Überbrückung der Durchblutung ein Schlauch eingelegt (b) und nach Entfernung der Einengung in der Arterie beim Zunähen (c) meist noch eine Erweiterung mit einem Kunststoff- oder Venenstreifen vorgenommen

Wann kann ausnahmsweise eine extra-intrakranielle Bypassoperation in Betracht kommen?

Ein Bypass ist eine chirurgische Umgehung eines verschlossenen Gefäßes durch Schaffen eines künstlichen Umgehungskreislaufs. Bei einer extra-intrakraniellen Bypass-Operation wird durch eine Öffnung im Schädelknochen eine künstliche Anastomose (Gefäßverbindung) zwischen der Schläfenarterie und einem Ast der mittleren Hirnarterie hergestellt (Abb. 35). Als Abkürzungen für diese Operation werden EC/IC- (englisch: extracranial/intracranial, deutsch: extrakranieller/intrakranieller) Bypass und EIAB (extrakraniell-intrakranieller arterieller Bypass) verwendet.

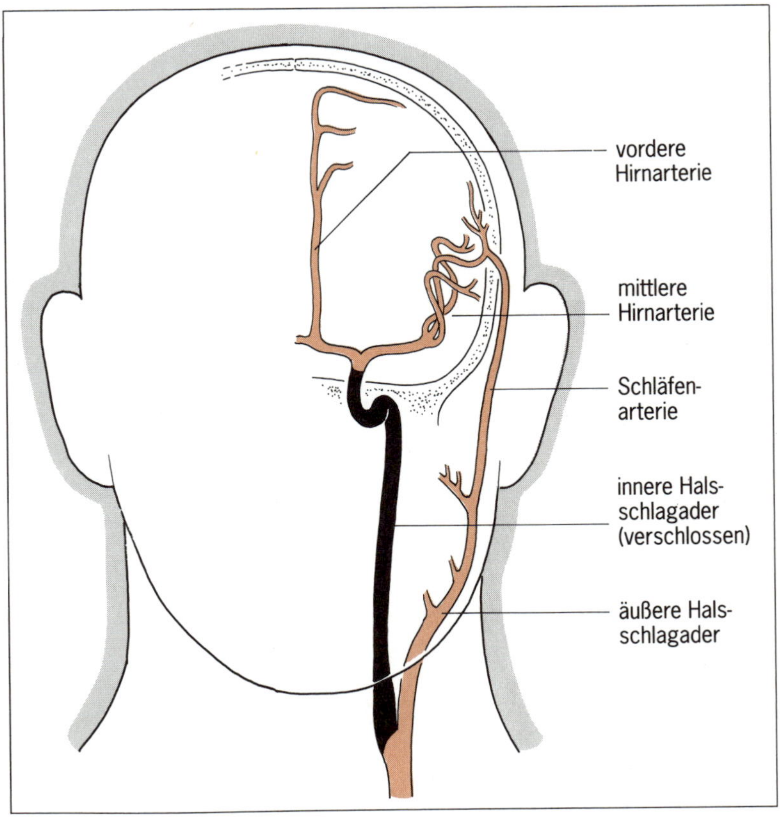

Abb. 35 Prinzip der extra-intrakraniellen Bypassoperation zur Umgehung eines völligen Verschlusses einer inneren Halsschlagader

Eine Anfang der 80er Jahre durchgeführte große internationale Studie hat bedauerlicherweise keinen Vorteil der extra-intrakraniellen Bypassoperation erkennen lassen. Obwohl diese Operation seit Vorliegen der Ergebnisse dieser Studie kein gefäßchirurgisches Standardverfahren zur Behandlung von Verschlüssen der inneren Halsschlagader mehr ist, hat dieser Eingriff in ausgewählten Fällen weiterhin seine Berechtigung. Dies ist vor allem dann der Fall, wenn durch besondere Untersuchungstechniken (wie sogenannter CO_2-Doppler, Xenon-CBF oder Diamox-SPECT) eine stark eingeschränkte oder sogar aufgehobene sogenannte Reservekapazität auf der Seite des Verschlusses festgestellt werden kann, ohne daß es bislang zu einem größeren Hirninfarkt gekommen ist.

Wann kann ausnahmsweise eine Ballondilatation in Betracht kommen?

Der Stellenwert dieses Verfahrens für die Verhütung von Schlaganfällen läßt sich zur Zeit noch nicht genau abschätzen. Manche Ärzte lehnen es vollständig ab, während andere es zumindest für manche Betroffene als risikoärmere Alternative zur Endarteriektomie sehen.

Bei dieser Methode wird zunächst nach lokaler Betäubung an der Einstichstelle (meist in der Leiste) eine Angiographie durchgeführt. Anstelle eines üblichen Katheters mit nur einem Lumen wird jedoch ein doppelläufiger Katheter verwandt. Durch das eine Lumen kann wie üblich Kontrastmittel eingespritzt werden, um die Lage des Katheters zu kontrollieren oder sich die Gefäßeinengung anzusehen. Durch das andere Lumen kann ein an der Katheterspitze befestigter stabiler Ballon aufgeblasen werden, um Gefäßeinengungen aufzudehnen. Außer der Verwendung eines doppelläufigen Katheters besteht auch die Möglichkeit, in das gleiche Gefäß zwei getrennte Katheter einzuführen.

Während die Ballondilatation in der Behandlung von Stenosen der Herzkranzgefäße oder der Becken- und Beinarterien inzwischen zu einer Standardmethode geworden ist, stehen ihrem Einsatz bei den Hirnarterien besondere Bedenken entgegen, da es bei einer Erweiterung zu einer Ablösung von kleinen Thromben kommen kann, die dann aufgrund der besonderen Gefäßverhältnisse im Gehirn zu embolischen Ischämien führen können. Eine sorgfältige Auswahl von für dieses Behandlungsverfahren in Frage kommenden Kranken sowie Schutz- und Überwachungsmaßnahmen während der Operation (wie Ableitung von EEGs und Versorgung des Gehirns mit heparinisiertem Blut durch den Ballonkatheter während des Verschlusses) haben aber gezeigt, daß diese Behandlungsmethode in ausgewählten Situationen ihre Berechtigung hat.

Die Hauptvorteile gegenüber der Karotis-Endarteriektomie bestehen darin, daß keine Vollnarkose erforderlich ist und die Betroffenen wie nach einer Angiographie nur einen Tag im Krankenhaus bleiben müssen. Der Hauptnachteil ist, daß es zu einem nur schlecht zu steuernden Einreißen der Gefäßinnenwand kommen kann, die nicht wie bei einer üblichen Operation genau betrachtet und »geglättet« werden kann. Offen ist auch die Frage, wie lange der Effekt einer Ballonerweiterung anhält.

Derzeit kommt eine Ballondilatation über einen Katheter ausnahmsweise einmal für die beiden folgenden Gruppen von Gefäßkranken in Betracht: Erstens für Menschen mit ein- oder beidseitigen hochgradigen

Einengungen der Wirbelsäulenarterien in ihrem Abgangsbereich, zweitens für Menschen mit operationswürdigen Einengungen der Halsschlagader, bei denen zum Beispiel wegen Herz- oder Lungenerkrankungen eine Narkose oder Operation nicht in Frage kommt.

Nachdem an der Halsschlagader weltweit bisher weniger als 500 Menschen mit dieser Methode behandelt wurden, sollte sie – wenn überhaupt – nur von darin Geübten angewandt werden. Wird einem Betroffenen zu dieser Behandlung geraten, empfiehlt es sich also, nach Zahl, Nebenwirkungs- und Erfolgsquote der jeweiligen Einrichtung und der jeweiligen Ärzte zu fragen.

Wann ist eine Krankenhauseinweisung erforderlich?

Nach einer TIA sollten Betroffene sich möglichst bald sorgfältig neurologisch und wegen des Herzinfarktrisikos auch internistisch-kardiologisch untersuchen lassen. Ein über eine TIA hinausgehender Schlaganfall muß immer als Notfall betrachtet und sofort in ein Krankenhaus eingewiesen werden, möglichst in eine Neurologische Klinik. Die besten Behandlungs- und Überlebenschancen haben Schlaganfallbetroffene, die innerhalb der ersten 4 bis höchstens 6 Stunden von einem Neurologen in einer mit allen Untersuchungs- und Behandlungsmöglichkeiten ausgestatteten Klinik betreut werden können.

Das Behandlungsziel besteht darin, eine weitere Verschlechterung zu verhindern, bestehende Störungen möglichst rasch zurückzubilden und das Auftreten weiterer Durchblutungsstörungen zu verhindern. Ähnlich, wie in den 50er und 60er Jahren der Aufbau spezieller Stationen zur Behandlung von Herzinfarkten zu einer erheblichen Verbesserung der Patientenversorgung geführt hat, befinden sich derzeit an vielen Kliniken sogenannte »Stroke Units« oder Schlaganfall-Einheiten im Aufbau. Dabei handelt es sich um Bereiche mit vier bis sechs Betten und enger Zusammenarbeit aller beteiligten Fachgebiete, die rund um die Uhr in der Lage sind, alle erforderlichen Untersuchungen durchzuführen und jeweils die neuesten Behandlungskonzepte anzubieten. Es ist davon auszugehen, daß diese Spezialstationen innerhalb kurzer Zeit neue Standards der Schlaganfallbetreuung setzen und zu einem Durchbruch in den Behandlungserfolgen führen werden.

Bei allen schweren Schlaganfällen ist mit Ausnahme bereits zuvor schwerstkranker Menschen, für die das neue Ereignis letztlich ohne Konsequenz ist, eine umgehende Krankenhauseinweisung sinnvoll. Dies gilt auch für alle Menschen mit vermutlichen Durchblutungsstörungen des Gehirns, wo es aufgrund der Vorgeschichte und der Beschwerden nicht ausreichend sicher ist, daß es sich tatsächlich um einen Schlaganfall handelt.

Bei sehr alten und oft multimorbiden (gleichzeitig an mehreren Krankheiten leidenden) Menschen kann es auf der anderen Seite durchaus sinnvoll sein, keine Krankenhauseinweisung zu veranlassen. Dies setzt aber voraus, daß eine Versorgung durch die Familienangehörigen oder andere Bezugspersonen sowie gegebenenfalls Gemeindeschwestern und soziale Dienste gewährleistet ist. In jedem Fall sollten Angehörige und Ärzte auch die Wünsche der Betroffenen respektieren, wann immer dies möglich ist und vertretbar erscheint.

Adressen

Jeder Betroffene und Interessierte sollte sich zunächst bei seinem Hausarzt, Internisten oder gegebenenfalls auch Neurologen beziehungsweise Nervenarzt über den Schlaganfall erkundigen. Der Hausarzt oder Internist ist schon deswegen ein guter Ansprechpartner, weil er den Betroffenen in seiner Gesamtheit kennt und beispielsweise auch über seinen Blutdruck, Herzkrankheiten und andere gesundheitliche Besonderheiten informiert ist, die im Zusammenhang mit einem Schlaganfall von Bedeutung sein können.

In Deutschland wurde vor wenigen Jahren mit wesentlicher Unterstützung der Verlagsgruppe Bertelsmann und der Pharmafirma Sanofi-Winthrop eine sehr erfolgreiche Initiative ins Leben gerufen, die schließlich zur Gründung der »Stiftung Deutsche Schlaganfall-Hilfe« führte:

Stiftung Deutsche Schlaganfall-Hilfe
Carl-Bertelsmann-Straße 256
33311 Gütersloh
☎ (0 52 41) 9 77 00
Fax (0 52 41) 70 20 71

Diese Stiftung hat ein breites Netz von inzwischen fast 100 sogenannten ärztlichen Regionalbeauftragten für sich gewinnen können, die gemeinsam mit Krankenkassen und anderen Verbänden regelmäßig Fort- und Weiterbildungsveranstaltungen sowohl für Ärzte als auch für Betroffene durchführen und vor Ort als Ansprechpartner zur Verfügung stehen. Deren Adressen können ebenso wie laufend aktualisierte Anschriften von Selbsthilfegruppen dort angefordert werden.

Selbsthilfegruppen (Stand 18.12.1996)

01069 **Dresden**
Frau Zumpe
☎ (0351) 4846358

01744 **Dippoldiswalde**
Herr Werner Franke
☎ (03584) 614083

01968 **Senftenberg**
Frau Hensel
☎ (03573) 7074–135

02977 **Hoyerswerda**
Frau Monika Krumrey
☎ (03571) 403376

04207 **Leipzig**
Herr Roland Schmidt
☎ (0341) 4110230

06217 **Merseburg**
Herr Frank Laske
☎ (034661) 502763

06406 **Bernburg**
Frau/Herr Mingram
☎ (03471) 23109

06528 **Sangerhausen**
Herr Klaus Thieme
☎ (03464) 20257
(nur Dienstag)

08340 **Beierfeld**
Frau Gerda und
Herr Johannes Espig
☎ (03774) 61625

10178 **Berlin**
Frau Gisela Kiank
☎ (030) 2412683

10409 **Berlin**
Frau Jutta Lade
☎ (030) 4253426

12209 **Berlin-Steglitz**
Herr Hermann Wehling
☎ (030) 7733463

13125 **Berlin-Buch**
Frau Hannelore Hiller
☎ (03338) 762263

14480 **Potsdam**
Herr Otto Paul
☎ (0331) 610307

14513 **Teltow**
Frau Helga Radon
☎ (03328) 427–297

14612 **Falkensee**
Frau Gisela Köhler
☎ (03322) 235690

14772 **Brandenburg an der Havel**
Frau Rita Schmieder
☎ (03381) 702659

15711 **Königs Wusterhausen**
Herr Wolfgang Stepke
☎ (03375) 80118

17094 **Burg Stargard**
Frau Karola Pieper
☎ (03 96 03) 2 04 52

17487 **Greifswald**
Frau Karin Hahnfeld
☎ (0 38 34) 84 09 71

20251 **Hamburg-Eppendorf**
Herr Heinz Rieck
☎ (0 40) 4 22 32 98

21039 **Börnsen**
Frau Ursula Stapelfeldt
☎ (0 40) 7 20 33 77

21244 **Buchholz**
Frau Renate und
Herr Oskar Behrens
☎ (0 41 81) 51 40

21717 **Fredenbeck**
Frau Gerda Koböck
☎ (0 41 49) 72 89

22305 **Hamburg-Barmbek I**
Frau Ingrid Kubillus
☎ (0 40) 6 00 31 00

22307 **Hamburg-Barmbek II**
Herr Rainer Schulz
☎ (0 40) 9 61 59 33

22399 **Hamburg-Nord**
Frau Ruth Kaven
☎ (0 40) 6 02 96 76

22523 **Hamburg-Eidelstedt**
Herr Jan Behrens
☎ (0 40) 57 88 34

23538 **Lübeck**
Frau Schneckenburger,
Frau Curtze
☎ (04 51) 5 00 29 29

23774 **Heiligenhafen**
Frau Walburgis Heinicke
☎ (0 43 62) 9 10

25693 **St. Michaelisdonn**
Herr Karl Hülse
☎ (0 58 43) 15 72

26122 **Oldenburg**
Herr Hans-Dieter
Brüggemann
(Mittwoch 18–20 Uhr)
☎ (04 41) 60 19 14

26382 **Wilhelmshaven**
Frau Marlies Thompsen
☎ (0 44 21) 3 73 11

26419 **Schortens**
Herr Horst Pallat
☎ (0 44 21) 7 04 45

27755 **Delmenhorst**
Frau Affar
☎ (0 42 21) 4 24 12
oder 40 28

28197 **Bremen**
Frau Antje
Heidenreich-Franke
(04 21) 61 37 88

31141 **Hildesheim**
Herr Karl Jänicke
☎ (0 51 21) 86 94 73

31275 **Lehrte**
Herr Siegfried Berger
☎ (0 51 32) 82 53 01

31582 **Nienburg**
Frau Müller
☎ (0 50 21) 1 59 68

31785 **Hameln**
Frau Marlies Goodall
☎ (0 51 51) 5 76 10

32045 **Herford**
Frau Ricken
☎ (0 52 21) 13 14 44

32423 **Minden**
Frau Susanne Potthast
☎ (05 71) 8 28 02–17

32469 **Petershagen**
Frau Sieglinde Dorl
☎ (0 57 07) 3 24

33098 **Paderborn**
Herr Bernd Kronfuß
☎ (0 52 51) 29 51 10

33392 **Gütersloh**
Frau Ute Metzger
☎ (0 52 41) 70 17 07

33611 **Bielefeld**
Frau Dr. Renate Husmann
☎ (05 21) 8 01 45 51

33615 **Bielefeld**
Frau Britta Stellbogen
☎ (05 21) 1 22 46

34117 **Kassel**
Herr Volker Stahl
☎ (05 61) 1 27 11

34497 **Korbach**
Frau/Herr
Eckhard-Hoffmann
☎ (0 56 31) 5 69 01 36

37073 **Göttingen**
Herr Heinrich Keese
☎ (05 51) 4 66 02

38011 **Braunschweig**
Herr Walter Bieler
☎ (05 31) 4 80 33 95

38667 **Bad Harzburg**
Frau Iris Ciop
☎ (0 53 22) 40 90

39124 **Magdeburg**
Herr Wiegmann
☎ (03 91) 85 05–2 70

40699 **Düsseldorf-Erkrath**
Herr Klaus Lenzner
☎ (02 11) 24 51 19

41238 **Mönchengladbach**
Herr Heinz Josef Pütz
☎ (0 21 66) 8 38 59

41466 **Neuss**
Frau/Herr Gubbels
☎ (0 21 31) 46 20 67

41515 **Grevenbroich**
Frau Margarete Brosig
☎ (0 21 81) 6 31 74

41812 **Erkelenz**
Herr Helmut Hasskerl
☎ (0 24 31) 21 27

42327 **Wuppertal**
Herr Kunibert Kenzler
☎ (02 02) 78 45 23

42659 **Solingen**
Frau Roswitha Pagenhardt
☎ (02 12) 81 76 13

44359 **Dortmund**
Frau/Herr Otto
☎ (02 31) 35 34 01

44563 **Castrop-Rauxel**
Herr Galuba
☎ (0 23 05) 1 20 20

44652 **Herne**
Herr Rolf Sonnenschein
☎ (0 23 25) 3 20 00

44805 **Recklinghausen**
Frau Margert Josewski
☎ (02 34) 85 03 05

44866 **Bochum**
Herr Ewald Bernecker
☎ (02 34) 43 52 04

45117 **Essen**
Herr Dr. Diehl
☎ (02 01) 434-26 95
und -43 41

45329 **Essen**
Herr Karl-Heinz Pape
☎ (02 01) 33 38 40

46042 **Oberhausen**
Herr Klaus Oberschewen
☎ (02 08) 8 28 24 77

47441 **Moers**
Frau/Herr von Warburg
☎ (0 28 41) 2 62 23

47475 **Kamp-Lintfort**
Herr Hans Koch
☎ (0 28 42) 8 05 86

47829 **Krefeld**
Herr Joachim Heiligers
☎ (0 21 51) 4 89 37

48167 **Münster**
Frau/Herr Moslehner
☎ (02 51) 32 47 67

49661 **Cloppenburg**
Frau Rita Ottens
☎ (0 44 71) 94 69 21

50927 **Köln**
Frau Anke Raabe-Oetker
☎ (02 21) 4 98 26 49

50996 **Köln**
Herr Kurt Nahrendorf
☎ (02 21) 39 42 40

51107 **Köln**
Frau/Herr Klein
☎ (02 21) 86 51 16
(ab 12 Uhr)

53797 **Lohmar**
Frau Claudia Leinen
☎ (0 22 46) 30 02 79

55595 **Hargesheim**
Herr Friedrich Müller
☎ (06 71) 3 34 36

56457 **Waldbreitbach**
Frau/Herr Karrenbauer
☎ (0 26 63) 25 40

57319 **Bad Berleburg**
Frau Gabriele Latt
☎ (0 27 59) 70 69

57632 **Reifferscheid**
Frau Rita Lehmler-Werner
☎ (0 26 85) 4 46

59227 **Ahlen**
Herr Kamp-Link
☎ (0 23 82) 40 90

59425 **Unna**
Herr Friedrich Fiene
☎ (0 23 03) 6 00 74

59505 **Bad Sassendorf**
Frau Brigitte Hartmann
☎ (0 29 21) 58 27

61231 **Bad Nauheim**
Frau Frigga Schotte
☎ (0 60 32) 7 39 14

63071 **Offenbach**
Herr Stephan Detig
☎ (0 69) 80 65-20 97

63486 **Bruchköbel**
Frau Christiane Fischer
☎ (0 61 81) 7 42 28

63743 **Aschaffenburg**
Frau Dr. Ursula Korb
☎ (0 60 21) 3 23-0

64347 **Griesheim**
Frau Edeltraut Längsfeld
☎ (0 61 55) 7 87 94

65843 **Sulzbach**
Frau Gisela und
Herr Diethard Lenz
☎ (0 61 96) 7 21 30

66421 **Homburg**
Frau Monika und
Herr Karl-Heinz Frisch
☎ (0 68 41) 16 41 00

66484 **Battweiler**
Herr Gerhard Rech
☎ (0 63 37) 3 83

66570 **Neunkirchen**
Frau/Herr Evert
☎ (0 68 21) 55 48
(ab 16 Uhr)

66763 **Dillingen**
Herr Erwin Müller
☎ (0 68 31) 7 12 39

68169 **Mannheim**
Frau Margarete Weissel
☎ (06 21) 30 23 50

70469 **Stuttgart**
Frau/Herr Graft
☎ (07 11) 85 68 03

71155 **Böblingen**
Herr Gunter Budig
☎ (0 70 31) 60 13 35

71404 **Korb**
Herr Werner Schiller
☎ (0 71 51) 3 19 99

72270 **Baiersbronn**
Herr Holger Brunnert
☎ (0 74 47) 9 11 24

72336 **Balingen**
Herr Manfred Wörner
☎ (0 74 33) 10 02 00

73433 **Aalen**
Herr Josef Scholze
☎ (0 73 61) 7 71 66

73479 **Ellwangen**
Herr Fritz Persy
☎ (0 79 61) 41 46

74074 **Heilbronn**
Frau Angelika Czubatinski
☎ (0 71 31) 6 80 36

80804 **München**
Herr Johann Hackl
☎ (0 89) 36 28 18
(13–18 Uhr)

83043 **Bad Aibling**
Frau M. Everhartz
☎ (0 80 61) 90 30

83404 **Ainring**
Frau Monika Herbst
☎ (0 86 54) 56 57

83707 **Bad Wiessee**
Frau Waltraud Zimmerer
☎ (0 80 22) 8 36 41

85757 **Karlsfeld**
Frau Hannelore Hünefeld
☎ (0 81 31) 9 29 26

86157 **Augsburg**
Frau Maria Englisch
☎ (08 21) 2 27 92 10

86179 **Augsburg**
Frau Monika Samar
☎ (08 21) 80 87 70

86497 **Horgau**
Herr Hermann Beutelrock
☎ (0 82 94) 14 73

86971 **Peiting**
Frau Hedwig Nieberle
☎ (0 88 61) 6 78 93

89129 **Langenau**
Frau Annemarie Ehrhardt
☎ (0 73 45) 34 55

89312 **Günzburg**
Selbsthilfegruppe
☎ (0 82 21) 96 22 82

90429 **Nürnberg**
Frau Christiane Glenk
☎ (09 11) 61 17 02

93047 **Regensburg**
Frau Waltraud Allhoff
☎ (09 41) 5 15 11

97222 **Rimpar**
Herr Alois Ruf
☎ (0 93 65) 97 35

99310 **Arnstadt**
Frau/Herr Fuß
☎ (0 36 28) 7 08 67

Weiterführende Literatur

Allgemeinverständliche Bücher und Broschüren über den Schlaganfall bzw. Risikofaktoren für einen Schlaganfall

Aichner, F., E. Holzer (Hrsg.): Schlaganfall. Vorsorge, Behandlung und Nachsorge. Ein Ratgeber für Gesunde, Patienten und Angehörige.
Springer-Verlag, Wien – New York 1996
ISBN 3–211–82851–6

Bundesministerium für Gesundheit (Herausgeber): Schlaganfall. Praktischer Ratgeber. Aktivierende häusliche Pflege durch Angehörige – Hilfsmittelversorgung für den Alltag.
Bundesministerium für Gesundheit, Bonn 1995 (Nachdruck)
Keine ISBN-Nr; kostenlos beim Bundesministerium für Gesundheit, 53108 Bonn, erhältliche Broschüre

Deecke, L., K. Zeiler: Wie vermeide ich den Schlaganfall? Beeinflußbare Risikofaktoren.
Facultas Universitätsverlag, Wien 1990
ISBN 3-85076-271-8

Deutsche Liga zur Bekämpfung des hohen Blutdrucks e.V.: Herz- und Kreislauferkrankungen: 200 medizinische Fachbegriffe für Patienten erläutert.
Deutsche Liga zur Bekämpfung des hohen Blutdrucks e.V.: Herz- und Kreislauferkrankungen, Heidelberg 1990
ISBN 3–426955–66-X

Diehm, C.: Durchblutungsstörungen. Was hilft bei Erkrankungen der Blut- und Lymphgefäße?
Springer Verlag, Berlin – Heidelberg – New York 1996
ISBN 3-54060527-1

Diehm, C., C. Wilhelm: Leben mit Gerinnungshemmern. Bei Herzrhythmusstörungen, Herzinfarkt, Raucherbein, Schlaganfall, Venenthrombose, Lungenembolie.
TRIAS Verlag, Stuttgart 1992
ISBN 3–89373–172–5

Diener, H.-C.: Wie beuge ich dem Schlaganfall vor? Informationen und Ratschläge.

Piper Verlag/Chapman & Hall, München – Weinheim 1994
ISBN 3–492–12088–1

Dommel, U.: Der Schlaganfall. Eine Informationsbroschüre für Pflegepersonal, Betroffene und Angehörige. Patientenservice Hoechst.
Hoechst AG, Frankfurt 1996
Keine ISBN-Nr.; kostenlos bei der Hoechst Pharma Deutschland, Königsteiner Str. 10, 65812 Bad Soden am Taunus, erhältliche Broschüre

Hauner, D., H. Hauner: Leichter durchs Leben. Ratgeber für Übergewichtige, Strategien zum langfristigen Abnehmen.
TRIAS Verlag, Stuttgart 1996
ISBN 3–89373–335–3

Huber, W., K. Poeck, L.Springer: Sprachstörungen. Ursachen und Behandlung von Sprachstörungen (Aphasien) durch Schädigungen des zentralen Nervensystems.
TRIAS Verlag, Stuttgart 1991
ISBN 3–89373–151–2

Huemer-Drobil, B., G. Kletter, L.Langbein: Leben nach dem Schlaganfall. Ein Ratgeber für Kranke, ihre Familien und Betreuer (Bittere Pillen Patientenreihe).
Verlag Kiepenheuer & Witsch, Köln 1987
ISBN 3–462–01857–4

Johnstone, M.: Die Hausbetreuung des Schlaganfallpatienten. Im Wiederherstellungsmuster leben.
Gustav Fischer Verlag, Stuttgart – New York 1987
ISBN 3–437–11048–9

Kessler, C.: Der Schlaganfall.
Bund-Verlag, Köln 1990
ISBN 3–7663–2214–1

Kinedater, H.: Aktiv gegen Herzinfarkt und Schlaganfall!
Humboldt-Taschenbuchverlag Jacobi, München 1992
ISBN 3–581–66670–7

Krämer, G. Schlaganfall – Richtig vorbeugen.
WDW-Wirtschaftsdienst, Eschborn/Frankfurt 1996
Keine ISBN-Nr.; kostenlos bei den Geschäftsstellen der AOK (Allgemeine Ortskrankenkasse) und beim Zweiten Deutschen Fernsehen (Postfach, 55100 Mainz) erhältliche Broschüre

Krämer, G.: Schlaganfall von A – Z.
TRIAS Verlag, Stuttgart 1997
ISBN 3–89373-378-7

Krämer, G.: Schlaganfall: Was Sie jetzt wissen sollten.
TRIAS Verlag, Stuttgart (erscheint voraussichtl. Herbst 1997)
ISBN 3–89373–365–5

Kröger, C.: Schlaganfall.
Centaurus Verlag, Pfaffenweiler 1993
ISBN 3-89085-710-8

Kroker, I.: Sprachverlust nach Schlaganfall. Ein Leitfaden für Aphasiker und deren Angehörige. 2., überarbeitete Auflage.
Verlag für Medizin Dr. Ewald Fischer, Heidelberg 1989
ISBN 3–88463–125-X

Mäurer, H.-C., R. Mäurer: Der Schlaganfall. Ursachen, Vorbeugung, die Behandlung im Krankenhaus, Rehabilitation und Rückkehr in den Alltag. Ein Ratgeber für Patienten und Angehörige.
TRIAS Verlag, Stuttgart 1991
ISBN 3–89373–148–2

Mehnert, H., E. Standl: Handbuch für Diabetiker. 5., neubearbeitete Auflage.
TRIAS Verlag, Stuttgart 1991
ISBN 3–89373–154–7

Middeke, M., E. Pospisil, K. Völker. Bluthochdruck senken ohne Medikamente. Risikofaktoren und Ursachen für Bluthochdruck – erlaubte und empfohlene körperliche Aktivitäten – Rezepte für kochsalzarme, kaliumreiche Ernährung – Streßabbau und Entspannung. 3. Auflage.
TRIAS Verlag, Stuttgart 1994
ISBN 3–89373–289–6

Reichardt, H.-J. (Bundesselbsthilfeverband Schlaganfallbetroffener und gleichartig Behinderter e.V., BSB e.V., Hrsg.): Schlaganfall… und nun? Nachschlagwerk von A – Z zum Thema Schlaganfall.
Bundesselbsthilfeverband Schlaganfallbetroffener und gleichartig Behinderter e.V., BSB e.V., Essen 1993
Keine ISBN-Nr., früher direkt bei dem zwischenzeitlich allerdings aufgelösten BSB in Essen erhältliche Broschüre

Schlierf, G., R.-D. Giess, G.E. Vogel: Der Cholesterin-Ratgber. Ursachen für erhöhte Blutfettspiegel – Mit richtiger Ernährung das Risiko senken. 4. Auflage.

TRIAS Verlag, Stuttgart 1992
ISBN 3–89373–210–1

Soyka, D.: Schlaganfall. Ein Ratgeber für Patienten und deren Angehörige. 4. Auflage.
Gustav Fischer Verlag, Stuttgart – Jena – New York 1995
ISBN 3–437–00845–5

Steinke, W., M. Hennerici: Schlaganfall. Risiken mindern – Folgen lindern.
Wort & Bild Verlag, Baierbrunn 1996
Keine ISBN-Nr.; nur in Apotheken erhältlich

Vollmer, H.: Herzinfarkt und Schlaganfall. Vorbeugung, Diagnose, Therapie.
Ehrenwirth Verlag, München 1995
ISBN 3–431–03376–8

Zippel, C.: Schlaganfall.
Verlag Ullstein, Frankfurt/Main – Berlin 1994
ISBN 3–548–27807–8

Erfahrungsberichte und Erzählungen von Betroffenen

Baursch, E.: Die Blitze des Zeus. Tagebuchaufzeichnungen eines Schlaganfall-Patienten.
Verlag Andrea Schmitz, Overrath 1992
ISBN 3–427442–14–3

Birchmeier, A.K., D.W. Bucher: Schlagseite.
Crea-Verlag, Wetzikon (Schweiz) 1996
ISBN 3–9521116-9-4

Holubetz, C.: Schlaganfall als Lebenserfahrung.
Selbstverlag, Albertis Hofbuchhandlung, Hanau 1988
Keine ISBN-Nr., über Buchhandlungen oder direkt bei der Albertis Hofbuchhandlung (Langstr. 47, 63450 Hanau) erhältliche Broschüre

Kägi, U.: Am Ende – am Anfang. Gespräche mit Hiob. 3., erweiterte Auflage.
Rothenhäusler Verlag, Stäfa (Schweiz) 1995
ISBN 3–907960-38-6

Menninger, D.: Lerne Abschied nehmen. Protokolle eines Schlaganfalls.
Fischer Taschenbuch-Verlag, Frankfurt 1992
ISBN 3–596–11089–0

Perry-Lyman, D.: Tausend Tage Lebensende – Ein Weg durch Krankheit und Pflege.
Knaur Taschenbuchverlag, München 1986
ISBN 3–426–04009–3

Sommerfeldt, H.: Geänderte Tage: Leben nach einem Schlaganfall.
Aletko, Klagenfurth 1987
ISBN 3–400743–04–5

Tropp Erblad, I.: Katze fängt mit S an. Aphasie oder der Verlust der Wörter.
Fischer Taschenbuchverlag, Frankfurt 1994
ISBN 3–596–12397–6

Zimmer, D.: Die gelbe Karte. Bastei Lübbe Taschenbuch.
Gustav Lübbe Verlag, Bergisch Gladbach 1996
ISBN 3–404–61361–9

Dank

Mein Dank geht zunächst an eine Reihe von Kollegen sowie Schlaganfallbetroffene und deren Angehörige, die frühe Fassungen des Manuskriptes oder die erste Auflage des Buches gelesen und mir mit ihren Verbesserungsvorschlägen geholfen haben. Besonderer Dank geht in diesem Zusammenhang an Herrn Professor Dr. Otto Busse in Minden.

Zu danken habe ich auch einer Reihe von Fachleuten, die sich wissenschaftlich mit dem Schlaganfall beschäftigen. Beim Schreiben dieses Buches habe ich mich außer auf meine eigene ärztliche Erfahrung auf viele Fachbücher und Zeitschriftenartikel gestützt. Um den Text leichter lesbar zu halten, habe ich auf einen bei wissenschaftlichen Veröffentlichungen üblichen Quellennachweis verzichtet. Verbliebene Unklarheiten und Fehler gehen natürlich allein zu meinen Lasten.

Frau Sylvia Aschenbrenner vom Lektorat des TRIAS Verlags danke ich sowohl für ihre Geduld als auch für ihre konstruktiven Verbesserungsvorschläge. Meiner Sekretärin Léonie Müller danke ich für die Hilfe bei der Erstellung des Sachverzeichnisses. Wie immer geht Dank nicht zuletzt auch an meine Frau Doris, meine Tochter Judith und meinen Sohn Dirk.

Sachverzeichnis

TRIAS

Einseitige Ernährung ist ein vermeidbares Schlaganfall-Risiko:

Essen Sie ausgewogen und abwechslungsreich

- Erfahren Sie alles über die Wirkung der 14 Vitamine und der antioxidativen Vitamine.
- Lernen Sie Ihren täglichen Vitaminbedarf kennen und informieren Sie sich über Mangelerscheinungen und Risiken.
- Mit praktischen Tips zur vitaminschonenden Lagerung und Zubereitung von Lebensmitteln.

127 S., 27 Tab., DM 29,80 / SFr 28,40 / ÖS 218,–
ISBN 3-89373-357-4

- So schützen die neu entdeckten bioaktiven Substanzen Ihre Gesundheit und stärken Ihr Immunsystem.
- Lesen Sie alles über die vorbeugende Wirkung gegen Krebs, Herz-Kreislauf- und Stoffwechsel-Erkrankungen.
- Stellen Sie sich ganz einfach Ihren bioaktiven Speiseplan zusammen.

105 S., 7 Abb., 6 Tab., DM 29,80 / SFr 28,40 / ÖS 218,–
ISBN 3-89373-358-2

- Lesen Sie, wie Mineralstoffe und Spurenelemente Ihre Gesundheit im Gleichgewicht halten.
- So schützen Sie sich vor giftigen Spurenelementen und erfahren Sie, wie Ihr Körper Schadstoffe wieder ausscheidet.
- Mit vielen praktischen Tips zur richtigen Ernährung und optimalen Versorgung.

208 S., 22 Abb., DM 29,80 / SFr 28,40 / ÖS 218,–
ISBN 3-89373-360-4

Preisänderungen
und Irrtum vorbehalten.

TRIAS Verlag, Rüdigerstr. 14, 70469 Stuttgart, Tel. 07 11 / 89 31-0, Fax 07 11 / 89 31-5 63